Gründerzeit-Möbel

2 **Detail Damenaufsatzschreibtisch.** Nussbaum furniert. Hersteller: Hof-Möbel-Fabrik Julius Groschkus, Berlin, um 1880/90 (vgl. Abb. 19).

Vorhergehende Seite:

1 **Detail Büffet.** Nussbaum furniert, Berlin, um 1880/90 (vgl. Abb. 46).

Rainer Haaff

Gründerzeit-Möbel

Hartholzmöbel · Weichholzmöbel

KUNST-VERLAG-HAAFF

Herzlicher Dank für die hilfreiche Mitarbeit ergeht an Frau Maria Puschke und Herrn Herbert Haaff.

Besonderer Dank für die kreative Gestaltung gilt C. und H. Reifenberger.

Herrn Wilfried Reuer, dem Pionier und Papst der Gründerzeit-Möbel, in Anerkennung seiner jahrzehntelangen Verdienste gewidmet.

Abbildungen Titelseite:

Oben links: Fassadenschrank (vgl. Abb. 47)
Privatsammlung

Oben rechts: Kleiderschrank (vgl. Abb. 59)
Auktionshaus Hess

Unten links: Büffet (vgl. Abb. 81)
Antikhandel Reuer

Unten rechts: Büffet (vgl. Abb. 88)
Antikhandel Reuer

Abbildungen Umschlagrückseite:

Oben links: Kabinettschrank (vgl. Abb. 91)
Privatsammlung

Oben Mitte: Schreibschrank (vgl. Abb. 122)
Henry's Auktionshaus

Oben rechts: Pfeilerkommode (vgl. Abb. 110)
Privatsammlung

Unten links: Wanduhr (vgl. Abb. 197)
Privatsammlung

Unten links: Wanduhr (vgl. Abb. 198)
Privatsammlung

Unten rechts: Polyphon-Standuhr (vgl. Abb. 201)
Privatsammlung

Impressum:

Autor: Prof. Rainer Haaff

Grafische Gestaltung: break werbeagentur, Tiefenbronn
Satz und Reproduktionen: reifenberger medien, Tiefenbronn
Druck und Bindung: Treichel+Moser Druckerei GmbH
Böblingen-Hulb

Dieses Buch wurde gedruckt auf 100 % chlorfrei gebleichtem Papier und entspricht damit dem TCF-Standard.

Bibliographische Information Der Deutschen Bibliothek.
Die Deutsche Bibliothek verzeichnet diese Publikation in der Deutschen Nationalbibliografie; detaillierte bibliografische Daten sind im Internet über http://dnb.ddb.de abrufbar.

ISBN 3-938701-01-3

INHALT

ANHANG

Vorwort zur 4. Auflage

In den 90er-Jahren des 20. Jahrhunderts hat eine längst notwendige Neubewertung der Gründerzeit-Möbel eingesetzt. Heute, nach der Jahrtausendwende, findet ein regelrechter Rehabilitierungsprozess dieses Möbelstils statt, der zu erfreulichen Veränderungen führt. Obgleich der neostilistischen Anlehnung an die deutsch-niederländische Renaissance erkennt man mittlerweile die eigenständige Stilauffassung der Gründerzeit an, die sich im Rahmen der europäischen Neorenaissance deutlich von Interpretationen der Nachbarländer abgrenzt. Kunsthistoriker überdenken oder revidieren ihre bislang ablehnende Haltung gegenüber Gründerzeit-Möbeln und sehen zumindest bei Objekten der gehobenen Qualität deren kunsthandwerklichen und auch kunstgeschichtlichen Wert. Zu dieser Entwicklung positiv beigetragen haben vor allem die Forschungsergebnisse des Kunsthistorikers Prof. Helmut Ottenjann sowie die des Autors.

Aber auch im Kunst- und Antiquitätenhandel sowie im Auktionswesen vollzieht sich ein Wandel. Während namhafte Auktionshäuser noch in jüngster Vergangenheit kaum bereit waren, Gründerzeit-Möbel zwecks Versteigerung in ihren Katalogen abzubilden, findet man gegenwärtig neben den gewohnten Barock- oder Biedermeier-Möbeln zunehmend qualitätsvolle Gründerzeit-Möbel vor. Diese erzielen erstaunlich hohe Auktionsergebnisse. Das allgemeine Marktgeschehen spiegelt ebenfalls eine recht positive Bilanz wider, da trotz gesamtwirtschaftlich schlechtem Umfeld die Preise für gut restaurierte, standardisierte Gründerzeit-Möbel stabil geblieben sind.

Exklusive Nussbaum- und Eichenmöbel verbuchen hingegen enorme Preissteigerungen und erlangen sensationelle Spitzenpreise im führenden Fachhandel. Außerordentlich aufwändig gearbeitete Möbel von Hof-Möbel-Fabriken, wie Julius Groschkus/Berlin, werden zu Recht hoch bewertet und stoßen in ungeahnte Preisdimensionen vor. Derartig architektonische und schreinertechnisch qualitative Meisterstücke verkörpern die für lange Zeit verkannte Möbelbaukunst der Gründerzeit. Das 21. Jahrhundert wird jedenfalls eine zunehmende Wertigkeit – sowohl ideeller als auch materieller Art – für Gründerzeit-Möbel hervorbringen, deren Zenit derzeit noch keineswegs erreicht ist.

Aufgrund dieser neu gewonnenen und anhaltenden Wertschätzung dieses Möbelstils kann das vorliegende Standardwerk zum Thema „Gründerzeit-Möbel" nach etlichen Nachdrucken und einer überarbeiteten 3. Auflage nun nochmals möbeltypologisch grundlegend erweitert und systematisch verbessert in der 4. Auflage erscheinen.

Neben einem größeren Buchformat und einer bibliophilen Aufmachung ist vor allem die intensivierte Dokumentation von hochwertigen und seltenen Gründerzeit-Möbeln das hauptsächliche Novum dieser 4. Auflage. Eine bislang nicht realisierbare große Anzahl von exemplarischen Beispielen gründerzeitlicher Möbelbaukunst konnte erfasst und im Buch präsentiert werden. Der Farbteil wurde verdreifacht und durch die neu hinzugekommenen Möbel-Highlights der Gründerzeit erfährt das Buch eine entsprechende Aufwertung. Gleiches gilt für den Katalogteil, dessen Volumen durch weitere 200 neue Abbildungen ansteigt. Auch das Sonderkapitel mit marktgängigen und exklusiven Uhren beinhaltet neues Abbildungsmaterial von wertintensiven Stücken dieser Epoche. Die hoch im Sammlerinteresse stehenden Musikautomaten bilden ein zusätzliches Sonderkapitel.

Die über 850 Abbildungen stellen nunmehr einen einzigartig kompletten Abbildungsfundus an Gründerzeit-Möbeln und -Einrichtungsgegenständen dar, der einem Kompendium gleichkommt. In der Fachliteratur existiert nach wie vor kein anderes Buch, das Gründerzeit-Möbel derart umfassend dokumentiert und zugleich fundierte Angaben zum aktuellen Marktwert enthält.

Somit bietet das Buch neben der kunsthistorischen Dokumentation von Gründerzeit-Möbeln aller Typen, Holzarten und Qualitäten zusätzlich ein realistisches, der Praxis des aktuellen Marktgeschehens nachvollziehbares Preisgefüge und dient damit den Sammlern, Händlern, Auktionshäusern und Museen.

Germersheim, im Oktober 2005

Rückblick: 100 Jahre Gründerzeit

Keine andere deutsche Wohnkultur musste in den letzten 100 Jahren so viele Höhen und Tiefen in ihrer Bewertung durchlaufen wie die Gründerzeit. Kein anderer Wohnstil erregte binnen eines Jahrhunderts im Positiven und im Negativen derart viele Gemüter. Eine konzentrierte Zusammenstellung von unterschiedlichsten Meinungen bezüglich des Gründerzeit-Möbel- und -Wohnstils soll aufzeigen, welchen Spannungsverhältnissen diese Wohnkultur ausgesetzt war und ist.

Nach der großen und richtungweisenden Münchner Kunstgewerbe- und Industrieausstellung des Jahres 1876, auf der in sehr auffälliger Weise dieser für die Zeit neue Stil vermehrt dargeboten wurde, schrieb der Kritiker Julius Lessing: „Ich glaube, dass wirklich … der gemeinsame Weg zur Entwicklung eines lebensfähigen deutschen Stils gefunden ist.“ (Ziegenhorn/Jucker, um 1910, S. 125/126)

Eine Generation später vermerkte der Berliner Kunsthistoriker Dr. Robert Schmidt 1917 im Schlusswort seiner Publikation „Möbel – Ein Handbuch für Sammler und Liebhaber“: „… diese Rückgriffskunst … führte zu einer absoluten Haltlosigkeit, zu einer künstlerischen Impotenz, die in der unpersönlichen Massenfabrikation eine beklagenswerte Unterstützung fand.“ (Schmidt, 1917, S. 251)

Eine weitere Generation später hieß es hierzu im Band 5 des Sammelwerkes „Deutsche Kunstgeschichte“: „Formauflösung, Formverkrümmung, ja Vernichtung und Verwirrung …“ (Kohlhausen, 1955, S. 557)

Die zuletzt angeführten Zitate machen die grundsätzliche Einschätzung des Gründerzeitstils der Kunstwissenschaftler in den ersten zwei Dritteln des 20. Jahrhunderts deutlich. Unter dieser Prämisse bildeten sich Wertungen und Haltungen gegenüber der Gründerzeit heraus, die inhaltlich und oft wortgetreu für deutsche allgemein bildende Nachschlagewerke übernommen wurden. Ein Großteil dieser Nachschlagewerke diesbezüglich zu zitieren, würde den Rahmen der Einleitung sprengen. Stellvertretend für viele andere Lexika ist zum Thema „Gründerzeit“ dem 1956 erschienen „aktuellen“ Lexikon „Spiegel des Wissens“ zu entnehmen: „… Kulturelle Haltungslosigkeit, stillose Protzerei, bes. in Bauten und Möbeln.“ (Bolle, 1956, S. 316)

Ausnahmslos begleiteten solche Attribute die Gründerzeit bis in die 70er-Jahre des 20. Jahrhunderts und reichen in ihrer Wirkungsweise bis in die Gegenwart.

Ab etwa 1975 kamen gegensteuernde Bewegungen in Gange, die sehr langsam, aber sicher der Gründerzeit zu einer Rehabilitation verhalfen.

Einer der wichtigsten Ansatzpunkte, um die Gründerzeit gerecht zu bewerten, ist die Frage nach den „ökonomischen und sozialen und politischen und religiösen und ideellen Bedingungen“ dieser Zeit und dieses kunstgewerblichen Schaffens (Nipperdey, 1976, S. 66).

Der Gründerzeit, ihrer Wohnkultur und ihrem Möbel unvoreingenommen und sachgerecht zu begegnen, bedeutet deren kunstgewerbliche Resultate in direkte Verbindung zu außerkünstlerischen Entwicklungen des 19. Jahrhunderts zu bringen, die wiederum unmittelbaren Einfluss auf die Stilfindung, die Stilumsetzung und die Stilverbreitung nahmen.

Es gilt das Augenmerk darauf zu richten, wieso dieser Stil aufkam und weshalb sich seine Einrichtungsgegenstände derart ausweisen. Als wesentlicher Faktor für die Bewertung der Gründerzeit-Möbel ist die in dieser Zeit unabdingbare Verschmelzung von Kunst und Industrie in den Vordergrund zu stellen, um daraus eine für diese Zeit gegebene Korrelation von Kunst, Handwerk, Gewerbe, Industrie und Mensch anzunehmen.

Trotz stilistischer Anlehnung an die vorbildhafte Renaissance wurde in der Gründerzeit zugleich Neues, Eigenes geschaffen, das heute auch als eigenständige Entwicklung im Gesamtrahmen der Neostile anzusehen ist.

Innerhalb des europäischen Schaffens im kunstgewerblichen Bereich des 19. Jahrhunderts ist Deutschlands wichtigster Beitrag nach dem Biedermeier das Mobiliar im deutsch-niederländischen Neurenaissancestil zur Gründerzeit (vgl. Mundt, 1981, S. 82).

Mit Begriffen wie „Rückblickskunst“, „Rückgriffskunst“, „Stiladaption“ oder „Eklektizismus“ kann die Gründerzeit samt ihren kunstgewerblichen Resultaten nicht mehr angegangen werden.

Jedenfalls vollzieht sich gegenwärtig im praktischen Umgang mit Gründerzeit-Möbeln, das was äußerst mühevoll und gegensteuernd auf der theoretischen Ebene für den Historismus und die Gründerzeit seit den 70er Jahren des 20. Jahrhunderts geleistet wurde. Jetzt, zum Anfang des 21. Jahrhunderts, könnte man die neue Situation hinsichtlich der Wertigkeit von Möbeln dieses Stils derart zum Ausdruck bringen: Gründerzeit ist angesagt!

Die wichtigsten Ausstellungen und Publikationen

Ausstellungen

Was themenrelevante Ausstellungen in Deutschland betrifft, ist bezeichnend, dass die ersten Bemühungen zugunsten des „Historismus" von Berlin ausgingen.

In Berlin startete 1973 das dortige Kunstgewerbemuseum die Ausstellung „Historismus. Kunsthandwerk und Industrie im Zeitalter der Weltausstellungen".

Im folgenden Jahr 1974 veranstaltete die Berliner Akademie der Künste die Ausstellung „Aspekte der Gründerzeit".

Nach diesen entscheidenden Startschüssen für eine konstruktive Besinnung auf die Zeit des Historismus und der Gründerzeit erfolgte 1977 im Hamburger Museum für Kunst und Gewerbe eine weitere bedeutsame Historismus-Ausstellung. Die von Dr. Hermann Jedding und Mitarbeitern organisierte Veranstaltung trug den für diese Zeit noch sehr wagemutigen Titel „Hohe Kunst zwischen Biedermeier und Jugendstil: Historismus in Hamburg und Norddeutschland." Die Ausstellung hatte richtungsweisenden Charakter.

Einen weiteren wesentlichen Impuls, der den kunsthandwerklichen Produkten des Historismus zugute kam, setzte die 1989 unter Prof. Dr. Helmut Ottenjann organisierte Ausstellung des Museumsdorfes Cloppenburg – Niedersächsisches Freilichtmuseum „Wohnen im Stil des Historismus".

Im gleichen Jahr fand eine ebenso den Historismus und die Gründerzeit tangierende Ausstellung im Münchner Stadtmuseum mit dem Titel „Prinzregentenzeit – München um 1900" statt.

Außerdem kann auf eine weitere Ausstellung verwiesen werden, die sich auf die Bewertung der Gründerzeit sehr zuträglich und nachhaltig ausgewirkt hat. Das Weserrenaissance-Museum Schloss Brake in Lemgo zeigte 1992, gemessen an der Vorbereitungszeit und an der Vielfalt der Ausstellung, eine Art „Gründerzeit-Welt-Premiere" mit dem Titel „Renaissance der Renaissance". Etwa 650 Ausstellungsstücke mit Schwerpunkt Gründerzeit warfen, gut dokumentiert und präsentiert, ein helles Licht auf diese oft allzu sehr beschattete Epoche.

Alle diese Ausstellungen dürfen als Meilensteine in der sich allmählich herausbildenden positiveren Begegnung mit dem Historismus und der Gründerzeit angesehen werden.

Publikationen

Auch in der wissenschaftlichen Fachliteratur sind in den letzten 25 Jahren große Leistungen vollbracht worden, die sich dem Historismus zuträglich erwiesen haben. Einer der ersten deutschen Kunstwissenschaftler, die dem Historismus und seinen vielfältigen Stilen wertfreie Beachtung und Interesse entgegenbrachten, war Dr. Georg Himmelheber, der 1973 mit dem dritten Band des Werkes „Die Kunst des deutschen Möbels – Klassizismus/Historismus/Jugendstil" den wissenschaftlichen Fundus für die Bearbeitung der Möbelstile des 19. Jahrhunderts legte. Georg Himmelhebers Leistungen auf diesem kunstgewerblichen Sektor waren richtungweisend und liefern bis heute wesentliche Basisinformationen für weiterführende Forschungen. Weitere grundlegende Publikationen, welche die Möbel des Historismus mit zum Schwerpunkt hatten, waren der die Hamburger Historismus-Ausstellung begleitende Katalog „Hohe Kunst zwischen Biedermeier und Jugendstil: Historismus" von Dr. Hermann Jedding und Mitarbeitern, das 1981 erschienene Werk „Historismus – Kunstgewerbe zwischen Biedermeier und Jugendstil" von Prof. Dr. Barbara Mundt und die von Dr. Jörn Bahns 1987 verfasste Publikation „Zwischen Biedermeier und Jugendstil".

Mit dem 1992 im Rhein-Verlag-Haaff erschienenen Titel „Gründerzeit – Möbel und Wohnkultur" hat schließlich der Autor ein Werk vorgelegt, das dem Gründerzeit-Möbel- und -Wohnstil erstmals breiten Raum widmet und diesen lange zu Unrecht degradierten Stil endlich rehabilitiert.

Das Buch „Gründerzeit-Möbel – Hartholzmöbel/Weichholzmöbel" dokumentiert 1995 in 1. Auflage das breit gefächerte Möbelspektrum dieses Stils und beinhaltet den ersten Preisspiegel für Gründerzeit-Möbel, was deren Wertigkeit neu definiert und dynamisiert.

Im Jahr 2002 erfolgte im Battenberg-Verlag nach etlichen Nachdrucken und 2. Auflage die erweiterte 3. Auflage dieses Buches, das erstmals in konzentrierter Form Möbel-Highlights gründerzeitlicher Baukunst präsentiert und in gehobene Preisregionen vorstößt.

Die folgenden Pressestimmen zu diesen Büchern verdeutlichen die im Laufe der letzten 15 Jahre neu gewonnene Haltung bezüglich der Einschätzung von Gründerzeit-Möbeln.

Pressestimmen zur Bewertung von Gründerzeit-Möbeln

Mit aktuellen Marktpreisen

BATTENBERG Antiquitätenkatalog

1993 Gießener Anzeiger: „... Anzeichen für eine andere, gerechtere Bewertung der Gründerzeit aus kunstwissenschaftlicher Sicht ...“

1993 Passauer Neue Presse: „Lange zu unrecht degradiert – die Epoche der Gründerzeit.“

1993 Architektur & Wohnen: „Ein Stil wird rehabilitiert.“

1993 Sammler Journal: „Gründerzeit ist angesagt ...“

1995 Gießener Anzeiger: „Unfassbar, dass dieser Möbelstil fast ein Jahrhundert lang als minderwertig und nicht sammelwürdig galt ...“

1995 Ostsee-Zeitung: „Gründerzeit-Möbel haben in unseren Tagen eine erstaunliche Wandlung in der Achtung und Beachtung erlebt ... sie sind bei Sammlern und Händlern sehr beliebt ...“

1995 Berliner Morgenpost: „Die Renaissance der Gründerzeit ... Gründerzeit-Möbel mittlerweile gesucht ... die wertvolleren Stücke haben sich zu ernstzunehmenden Antiquitäten gemausert ... wird ihre handwerklich solide Machart wieder geschätzt ...“

1995 Wirtschaft & Markt: „Allmählich halten Möbel aus der Gründerzeit wieder Einzug in die Wohnlandschaft. Die Preise guter Stücke sind in den vergangenen Jahren sprunghaft gestiegen ...“

1996 Der deutsche Tischler und Schreiner: „Möbel zum Wiederentdecken.“

1996 Darmstädter Echo: „Gründerzeit-Möbel sind gefragt ...“

1996 Trödler & Sammler Journal: „Gründerzeit-Möbel feiern ihre wohlverdiente Wiederentdeckung ...“

2002 Die Rheinpfalz: „Das Interesse an den Möbeln der Gründerzeit ... hat deutlich zugenommen ...“

2002 Trödler & Sammler Journal: „... findet ein regelrechter Rehabilitierungsprozess dieses Möbelstils statt ... zunehmende Wertigkeit ...“

2002 Garten & Wohnen: „Möbel aus der Gründerzeit stehen hoch im Kurs ...“

2002 Trödler & Sammler Journal: „Dem Trend wachsender Beliebtheit zufolge hat sich seit dem Erscheinen der ersten Auflage im Jahr 1995 auch das Preisgefüge für diese Antiquitäten entscheidend verändert ...“

Mit dem Sieg über Frankreich und mit der politischen Einigung Deutschlands geht eine wirtschaftliche Aufwärtsentwicklung einher, die Deutschland zu einem der führenden Länder in Europa auf militärischer und industrieller Ebene macht. Die Franzosen haben als Kriegsverlierer 5 Milliarden Goldfrancs den Deutschen zu zahlen und müssen das Gebiet Elsass-Lothringen abtreten. Die 5 Milliarden Francs lösen eine Geldschwemme in der deutschen Wirtschaft aus, die das aufkommende moderne Bank- und Aktienwesen enorm beflügelt. Die Wirtschaft des Deutschen Reichs wird in ihren ersten drei Jahren von einer Spekulationswelle erfasst, die „epidemischen Charakter" erlangt.

Ein regelrechter „Gründerboom" kommt in Gang, der kurze Zeit nach Beendigung des Krieges die Börse zum Schauplatz der Spekulanten macht (vgl. Zentner, 1986, S. 160/161). Etliche dieser Spekulationsgeschäfte erweisen sich bald als wirtschaftlich ungesund, und es kommt zu beachtlichen Aktienverlusten und Konkursanmeldungen. Diese ersten drei Jahre der Gründerzeit gehen mit dem Begriff „Gründerjahre" in die Geschichte ein. Im Großen und Ganzen jedoch wirken sich die Milliarden stabilisierend auf die deutsche Wirtschaft aus. Der Kriegsgewinn, die Reichsgründung und das viele Geld befruchten zunehmend alle wirtschaftlichen Kreise. Somit wird die Gründerzeit besonders aus wirtschaftlicher Sicht signifikant. Sie impliziert förmlich das neue Industriezeitalter der deutschen Geschichte. Revolutionäre Erfindungen aus vorangegangenen Jahrzehnten finden nun ihre landesweite Verbreitung und kommen gezielt in Technik, Wirtschaft, Industrie und Forschung zum Einsatz. Weitere richtungweisende Erfindungen folgen und können direkt in die Praxis umgesetzt werden.

Mit der Gründerzeit wird der Ausbau eines modernen Verkehrswesens in Verbindung gebracht. Das Eisenbahnnetz wird entschieden dichter, die Dampfschifffahrt nimmt zu und der Straßenausbau bekommt infrastrukturelle Züge. Auch tragen Telegraf und Telefon zu einem modernen Verkehrswesen bei. Im technischen und industriellen Bereich sind dampf- und

8 **Gründerzeitliche Gesellschaftsszene**, datiert 1888. Gemälde von Julius Jacob. Der Kamperplatz im Berliner Tiergarten mit zeitgenössisch gekleideten Passanten und zeittypischer Pferdedroschke.

motorgetriebene Maschinen, rationelle Fertigungsanlagen und organisierte Vertriebssysteme im Vormarsch. Neue Energiequellen werden erschlossen und in den folgenden Jahren wird auch die Elektrizität bedeutsam, ebenso das Motorfahrzeug. Die Strukturveränderungen kommen nun voll zum Tragen und eine neue Marktstruktur kristallisiert sich deutlich heraus. Die Betriebe sind auf Wachstum, Investition und Rationalisierung ausgerichtet. Das moderne Bank- und Aktienwesen wird zum staatlichen und volkswirtschaftlichen Moment. Das groß angelegte Unternehmen mit kapitalistischer Grundstruktur charakterisiert die Epoche der Gründerzeit. Im Zuge des Wirtschaftsaufschwungs entwickelt sich in den Städten eine rege Geschäftigkeit. Viele Handwerks- und Dienstleistungsbetriebe erkennen in den kapitalistischen Strukturen das Gebot der Stunde: „Weg vom Kleinbetrieb – hin zum Großbetrieb!" Man investiert und expandiert. Wiederum muss dabei auf das geschaffene Bankwesen verwiesen werden.

Während in den Jahren von 1871 bis 1914 ein beachtlicher Teil der Bevölkerung, vornehmlich die Arbeiterschicht, verarmt, bildet sich im Mittelstand (vorwiegend Inhaber von Handwerks- und Dienstleistungsbetrieben) und in der Oberschicht (vorwiegend Eigentümer von Fabriken oder Industrieanlagen und agrarischer Großgrundbesitz) ein bisher noch nicht erlebter Reichtum heraus. Was für die gesellschaftliche Oberschicht seit Menschengedenken der Status bedeutet, wird nun in abgewandelter Form auch dem Mittelstand, dem Bürgertum schlechthin, zu Eigen. Das Bürgertum erfährt erstmalig in der neuzeitlichen Geschichte einen gesamtwirtschaftlichen Wohlstand, und es kann mehrheitlich an diesem Wohlstand partizipieren. Derartig positive wirtschaftliche Konstellationen stellen sich im letzten Drittel des 19. Jahrhunderts auch in anderen europäischen Ländern und in Amerika ein. Daraus entstehen günstige internationale Handelskonditionen, die den konjunkturellen Aufschwung fortan beleben.

9 **Gründerzeitliche Gesellschaftsszene**, datiert 1888. Gemälde von Ferdinand Brütt. Herren in gründerzeitlicher Kleidung an der Börse agierend. Wohl Darstellung des Foyers der alten Berliner Börse.

10 **Gründerzeitliche Festszene**, datiert 1899/1900. Gemälde von William Friedrich Georg Pape. Opulente Festlichkeit im Hause des Fabrikbesitzers, Commerzienrath und Opernsänger Johann Friedrich Leichner, Berlin. Damen mit zeittypischen Hochsteckfrisuren und Herren mit „Kaiser-Wilhelm-Bärten".

Mit der Abdankung Bismarcks und der Ernennung Wilhelms II. zum dritten Deutschen Kaiser tritt das Deutsche Reich Ende der 80er-Jahre in eine neue politische Ära ein. Kolonialismus und Imperialismus, die bereits von anderen europäischen Ländern intensiv vorpraktiziert werden, gewinnen nun auch für die deutsche Politik an Bedeutung. Das Deutsche Reich baut in Übersee seine Stellung aus und wird in Togo, Kamerun, Südwest- und Ostafrika, Kiautschou, Neuguinea und auf einigen Inseln im Pazifik Kolonialmacht.

In den Jahren nach 1900 kommt es zu einer Wandlung des nationalen Gedankens, zu dem an anderer Stelle dieser Arbeit noch ausführlich Stellung genommen wird. Die Wandlung des nationalen Gedankens, der sich von seiner ursprünglich idealen Zielsetzung entfernt, sich seines humanen Charakters entkleidet und zur Machtidee ausreift, wird zum Negativum der späten Gründerzeit. Das Deutsche Kaiserreich leistet seinen Beitrag im europäischen Wettkampf um Landnahme, indem es die politischen und wirtschaftlichen Erträge der Gründerzeit in unheilvolle militärische Energien akkumuliert, diese im Ersten Weltkrieg 1914/18 freisetzt und sich an den Rand des Zusammenbruchs führt (vgl. Mommsen, 1969, S. 1).

Ideelle und gesellschaftliche Hintergründe

Die politischen und wirtschaftlichen Entwicklungen Deutschlands im 19. Jahrhundert beeinflussen sehr tief greifend die ideelle Haltung der Deutschen und es kommen neue gesellschaftliche Verhaltensmuster hervor. Dies wird besonders in der Zeit nach 1871 auffällig.

Was für andere Länder, z. B. England oder Frankreich, seit Jahrhunderten politische und nationale Selbstverständlichkeit ist, muss sich Deutschland lange Zeit innen- und außenpolitisch erkämpfen. Kriegsfolgen und schlechte Wirtschaftslagen begleiten diese Bemühungen. Vor 1871 stellen Armut und Not für mehrere Generationen die alltägliche Situation dar. Ohne eine geschlossene Nation zu sein und zerstückelt von hegemonialen Mächten, kämpfen patriotische Kräfte fast ein Dreivierteljahrhundert für die deutsche Einigung. In dieser düsteren Zeit ist noch nicht einmal eine gesamtnationale Identifikationsfigur für alle Deutschen vorhanden.

Was ab 1815 nach den Napoleonischen Kriegen auf politischer und wirtschaftlicher Ebene für mehrere Jahrzehnte so hoffnungslos erscheint, gestaltet sich im zweiten Drittel des 19. Jahrhunderts viel positiver und führt im letzten Jahrhundertdrittel zu einem geeinten, wirtschaftlich und politisch gestärkten Deutschland: Nach langen Jahren und vielen schwerwiegenden politischen und wirtschaftlichen Vorgängen kommt es zur Gründung des Deutschen Reiches, nachdem der „Erb-

11 **Portrait des Reichskanzlers Otto Fürst von Bismarck.** Gemälde von August Weber jr.

feind" Frankreich besiegt ist. Ein geeintes Deutschland hat man endlich und einen deutschen Kaiser! Man ist nach langer Zeit wieder jemand. Ein bisher latent vorhandener nationaler Gedanke weitet sich in der Gründerzeit zu „deutschem Gedankengut" aus. Neben der guten Wirtschaftslage spielt hierfür die Nationalitätsfindung die wesentlichste Rolle. Den nach 1871 vorherrschenden ideellen und gesellschaftlichen Zeitgeist gibt eine zeitgenössische Schilderung sehr treffend wieder:

„Und dann kam der Krieg, der herrliche Siegeszug der Deutschen und die Einnahme von Paris, die Begründung des Deutschen Reiches, und alles das trug in kurzer Zeit zu einer eminenten Kräftigung des deutschen Nationalbewußtseins bei. Der Deutsche war sich seiner Kraft und seiner Eigenart bewußt geworden ... und unter dem Zeichen des nationalen Zusammenschlusses lebt nicht nur die Politik, sondern auch das geistige und künstlerische Leben wieder auf ... Ein geeintes Deutschland, ein Deutsches Reich, war durch den Sieg erobert ... So trat man mit regem Interesse an alles heran, was ... zu eigen gewesen, so wurden das deutsche Haus, die deutsche Frau, Familie, Tracht und Stadt zu einem neuen sittlichen Ideale, und nach diesem wandte sich fast das gesamte häusliche, geistige und gesellschaftliche Leben ..." (Rosner, aus: Georg Hirth, „Das Deutsche Zimmer", 1898 – 1899).

Nach 1871 greift der nationale Gedanke auch direkt auf das neue geistige und künstlerische Leben über. Die politischen und wirtschaftlichen Erträge, die diesen nationalen Gedanken bedingen und einen heroisch anmutenden Zeitgeist hervorbringen, beeinflussen im besonderen Maß die Architektur und die Wohnkultur der Gründerzeit. Im kunstgeschichtlichen Zeitalter des Historismus, der durch Rückgriffe auf frühere Stilepochen charakterisiert ist, diese zeitgenössisch aktualisiert und ein zeitliches Nebeneinander von Neostilen zulässt, bedarf es nach 1871 in Deutschland einer neuen stilistischen Grundauffassung. Neben der Neogotik ist es besonders der Louis-Philippe-Stil, der sich von etwa 1850 bis 1870 in deutschen Wohnungseinrichtungen etabliert, zumal in dieser Zeit die antifranzösische Haltung der Deutschen rückgängig ist. Nach dem Deutsch-Französischen Krieg von 1870/71 und nach der Gründung des Deutschen Reichs kommen alte Ressentiments wieder auf, und die beschriebenen patriotischen Tendenzen werden erneut wach. Das rokokobehaftete Louis-Philippe, ein durch und durch französischer Stil, kann in die Zeit des neuen Nationalbewusstseins der Deutschen nicht mehr passen.

Die Deutschen brauchen einen eigenen Stil, einen deutschen Stil.

Viele Möglichkeiten bleiben nicht, um einen „typisch deutschen" Stil wieder aufleben zu lassen, der zudem vorbildliche deutsche Kulturgeschichte beinhalten muss. Das Biedermeier, wohl ein deutscher Stil (besser: ein Stil des deutschsprachigen Raums), kommt wegen seiner für diese „glorreiche" Zeit nach 1871 zu schlichten Erscheinung nicht infrage. Das Empire, das Louis XVI. und das Rokoko schließen sich aufgrund ihrer französischen Herkunft von selbst aus. Dem Barock, zumindest dem Frühbarock, ist man nicht abgeneigt. Die Gotik ist bereits in der Neogotik wieder auferstanden, findet jedoch nur zögerlichen Zugang in bürgerliche Wohnungen. Was bleibt, ist die Renaissance.

Die Zeit der Renaissance beinhaltet viel Vorbildliches aus der deutschen Geschichte, bringt sie doch große deutsche Kaiser und Könige hervor und ruft namhafte deutsche Künstler wie Albrecht Dürer, Lucas Cranach oder Hans Holbein d. J. in beste Erinnerung. Sogar eine Verbindung zu Peter Paul Rubens kann mit großer Überzeugung geleistet werden, und gerade diesem Meister wird nach etwa 250 Jahren wieder höchste Verehrung zuteil. Auch auf Martin Luther oder Philipp Melanchthon, die Begründer der Reformation, kann man sich mit Stolz besinnen. Man reflektiert nach 1871 die jahrzehntelange innen- und außenpolitische Repression und erkennt eine politische Duplizität in dem reformatorischen „Kampf gegen ein geisterknechtendes Rom" im 16. Jahrhundert.

So kommt es im Hochgefühl des Nationalstolzes und aufgrund der guten Wirtschaftslage zu einer inbrünstigen Identifikation mit der Renaissance, die zu einer volksweiten Stilausbreitung führt.

Karl Rosner, von dem die gerade angeführte zeitgenössische Schilderung des ideellen Standpunkts nach 1871 stammt, fährt in Georg Hirths Reihe über die historische deutsche Einrichtung in dem Ergänzungsband von 1881 „Das Deutsche Zimmer im 19. Jahrhundert" wie folgt fort: „Man fühlte sich in einer Zeit, da sich das Bürgertum als Macht und Kern der Nation wiedererkannte, nun nahe verwandt mit jenen bürgerlichen Deutschen, die zu Beginn der Reformation auf den Höhen eines nationalen Deutschtums gewandelt ... Ein deutscher Stil begann also die Losung zu werden ..." (Rosner, aus: Georg Hirth, „Das Deutsche Zimmer", 1898 – 1899)

Wie bahnbrechend der neue Stil von den Kunstschaffenden aufgegriffen und von der Bevölkerung angenommen wird, zeigt ein bereits um 1910 verfasstes

Resümee der Erfurter Hoflieferanten Ziegenhorn & Jucker:

„Und als dann nach den Ereignissen von 1870 und 1871 der nationale Aufschwung in Deutschland auch in künstlerischen und kunstgewerblichen Erzeugnissen zum Ausdruck gelangte, da wurde zur Bekräftigung dessen das Banner der altdeutschen Renaissance entfaltet, um das sich Nord und Süd in heller Begeisterung scharte: aus dem Studium unserer Väter Werke heraus sollte sich ein neuer nationaler Stil entwickeln ... Bemerkenswert erscheint vor allem, dass diese Periode sich in Deutschland als eine Wendung kennzeichnete, die unabhängig vom französischen Geschmack ihre selbständigen Wege einschlug.“ (Ziegenhorn/Jucker, um 1910, S. 125/126)

Dass nach 1871 die Neorenaissance zum deutschen Lieblingsstil wird, ist vorwiegend auf politischer, ideeller und wirtschaftlicher Ebene begründet, zumal, was im nachfolgenden Kapitel aufgezeigt wird, das kunststilistische Wiederaufgreifen der Renaissance bereits vor der Zeit von 1871 erfolgt. Jedenfalls finden die Deutschen in der Renaissance den wahrhaft geeigneten, traditionsverhafteten Stil, um dem Repräsentationsbedürfnis der neuen deutschen Nation und deren wirtschaftlichem Erfolg gerecht zu werden.

Die „Wiedergeburt der Renaissance“ in den 70er- und 80er-Jahren des 19. Jahrhunderts ist demnach nicht nur eine rein kunstgeschichtliche Begebenheit, sondern sie hat im besonderen Maß eine gesellschaftspolitische Zielsetzung. Die Neorenaissance und der aus ihr in Deutschland so typisch hervorgehende Gründerzeit-Möbelstil sind keine bloßen stilistischen Folgereaktionen im Wandel des Kunstschaffens. Diese Entwicklung erklärt sich stilistisch nicht von selbst im Sinne einer kreativen oder reaktionären Kunstschaffensperiode, denn gerade die Ausbreitung des altdeutschen Stils nach 1880 hat vorwiegend ideelle und soziologische Gründe. Das Kunstschaffen im architektonischen und kunstgewerblichen Bereich nach 1871 ist nicht als maßgeblicher Faktor für die Entstehung oder gar Entdeckung der Neorenaissance anzusehen, vielmehr trägt es unter staatlicher Einvernahme und unter wirtschaftlicher Steuerung zur weiten Verbreitung dieses Stils bei.

12 **Renaissance-Portrait,** datiert 1525. Gemälde von Lucas Cranach d. Ä. Bildnis des Kurfürsten Friedrich III. der Weise von Sachsen.

13 **Renaissance-Portrait,** datiert 1559. Gemälde aus der Werkstatt Lucas Cranach d. J. Halbfigurenportrait des Herzogs Albrecht V. von Bayern.

14 **Renaissance-Doppelschrank.** Eiche massiv, Esche- und Ahorneinlagen, süddeutsch, wohl Ulm, um 1600.

15 **Neorenaissance-Fassadenschrank.** Nussbaum massiv und furniert, Ahorn- und Obstholzeinlagen, süddeutsch, um 1870/80.

Entstehung und Verbreitung des Stils

Ausgangspunkte

Die Renaissance, eine bedeutsame Kulturepoche, die geisteswissenschaftlich und künstlerisch das 16. Jahrhundert in Europa prägt und bis in das 17. Jahrhundert hineinwirkt, wird im letzten Drittel des 19. Jahrhunderts von allen mitteleuropäischen Ländern stilistisch aufgegriffen. Ähnlich der Neogotik nach 1830/40 kommt es nach 1850/60 sukzessiv zur Wiederaufnahme des Renaissancestils. Im Grunde entzieht sich kein Land dieser „Stiladaption".

Doch können schon in der Mitte des 19. Jahrhunderts Tendenzen zur Neorenaissance festgestellt werden. In der Architektur lassen sich in England bereits um 1830/40 Bauten mit Merkmalen der Neorenaissance nachweisen. Auch in Deutschland greifen zur gleichen Zeit Architekturentwürfe von Karl Friedrich Schinkel und Leo von Klenze Stilelemente der Renaissance auf. Erste eindeutige Impulse für die sich durchsetzende Stilrichtung setzt der Architekt Gottfried Semper nach der Jahrhundertmitte mit seinen Bauten in Dresden. Gottfried Semper wird zum wichtigsten Protagonisten der Neorenaissance. Und er steht im Zeitgeist der 60er- und 70er-Jahre des 19. Jahrhunderts nicht allein mit seiner Stilorientierung auf das eine historische Vorbild hin. Seine Zielsetzung – „Lernen von der hohen Kunst der Vergangenheit" – meint die dogmatische Hinführung zu einem Kunststil der Vergangenheit, zur Renaissance. Von jetzt an werden zielgerichtet öffentliche Sammlungen mit kunstgewerblichen Gegenständen der Vergangenheit bestückt. In Kunstgewerbeschulen soll adäquater Unterricht erfolgen. Und nicht nur die Hersteller der kunstgewerblichen Produkte sollen von der „hohen Kunst der Vergangenheit" lernen, auch die künftigen Käufer bedürfen dieser Kenntnis.

Der Architekt und Kunstkritiker Semper wird in London von Prinz Albert beauftragt, das englische Kunstgewerbe zu reformieren. Gleichzeitig kommt es 1851 zur Gründung des Ersten Deutschen Kunstgewerbevereins.

Wesentliche Bestrebungen zur Entfaltung dieses Stils gehen in der Zeit von 1860 bis 1870 hauptsächlich von Wien aus. Wien ist der eigentliche geistige Geburtsort der Neorenaissance, und die Wiener Architekten dieser Zeit sind es, die hinsichtlich der Stilentwicklung der Neorenaissance die wichtigsten Akzente setzen. Ein bedeutender Architekt der 60er-Jahre ist der Wiener Theophil Hansen. Seine Bauten an der Wiener Ringstraße werden für die Weiterentwicklung der Neorenaissance richtungweisend.

Industrie- und Kunstausstellungen

Vor allem aber sind es die großen Industrie- und Kunstausstellungen, die für alle Stilrichtungen des Historismus eminente Bedeutung haben. Im besonderen Maß gilt dies auch für die Neorenaissance. Deren Stilentwicklung und Verbreitung können sehr deutlich anhand der großen Ausstellungen verfolgt werden, die immer einen Spiegel für Tendenzen des Kunstschaffens ihrer Zeit abgeben. Im Zeitalter des Stilpluralismus sind schon bei den Ausstellungen vor der Jahrhundertmitte verschiedene Stile und Neostile wie Biedermeier, Spätbiedermeier, Neogotik und Louis-Philippe (Zweites Rokoko) auffällig vertreten. Von Einzelstücken abgesehen, tauchen Exponate mit deutlichen Renaissanceelementen vermehrt allerdings erst ab der Jahrhundertmitte auf. Die erste Weltausstellung 1851 in London, die im Laufe der Ausstellungsdauer sechs Millionen wirtschafts- und kunstinteressierte Menschen anzieht, zeigt eine bunte Palette von Stilen, Neostilen und Mischstilen. An dieser Stelle greift der von Georg Himmelheber verwendete Begriff „Experimentierender Historismus", der die Entwicklungsphase im Historismus von etwa 1840 bis 1860 kennzeichnet, in welcher mit Elementen verschiedenster Stilepochen laboriert und experimentiert wird und wo verschiedene Stilelemente oft in einem Objekt verschmelzen.

Erstmals fallen Neorenaissance-Möbel auf der Wiener „Kunst und Industrie"-Weltausstellung von 1873 auf und bilden einen Gegenpol zum bisher vorherrschenden Louis-Philippe-Stil. Die kunstgewerblichen Leistungen Wiens, die auch im Historismus große staatliche und höfische Förderung erfahren, werden in vielen Bereichen richtungweisend und wirken positiv auf das deutsche Kunstgewerbe.

Die lange Zeit verfolgbare Kulturachse Wien – München behält auch im späten 19. Jahrhundert ihre Gültigkeit. Während sich allerdings der Stil der Wiener Neorenaissance hauptsächlich an den Vorbildern der italienischen und französischen Renaissance orientiert, entsteht in Deutschland gerade nach 1871 ein Neorenaissance-Stil nach Mustern der deutschen und flämischen Renaissance.

Hierzu steuern der überregional bedeutsame „Bayerische Kunstgewerbeverein“ sowie der Münchner Architekt und Innenarchitekt Lorenz Gedon bei. Lorenz Gedon vertritt vehement das Programm des dogmatischen Historismus und nimmt bezüglich der Ausbreitung der Neorenaissance eine führende Rolle in Deutschland ein. Gedon wird zum deutschen Vorreiter dieses meisterlichen Stils der Vergangenheit. Seine Bemühungen um ein allgemeines Wiederaufgreifen der Renaissance gipfeln 1876 anlässlich der „Deutschen Kunst- und Industrieausstellung“ in München.

Fünf Jahre nach Gründung des Deutschen Reichs 1871 präsentiert die Münchner Kunst- und Industrieausstellung 1876 die praktische Umsetzung. Diese für das gesamte deutsche Kunstgewerbe bedeutsame Messe wird zum Hauptausgangspunkt für die Verbreitung der deutschen Neorenaissance. Sie bringt schon viele kunstgewerbliche Produkte, besonders Möbel zur Anschauung, die der Neorenaissance zuzurechnen sind. Fast alle namhaften deutschen, österreichischen und schweizerischen Möbel- und Ausstattungsfirmen sind vertreten. Man orientiert sich an den Kunstwerken der Renaissance und an den bereits vorhandenen modernen Stilabwandlungen. Man informiert sich und tauscht sich aus.

Der auf dieser Großveranstaltung eindeutig vorherrschende stilistische Zeitgeist erfährt eine schnelle Verbreitung im ganzen Land. Ausstellungsbegleitende Kataloge, Journale, Gewerbezeitschriften, Ausstellungsberichte und vor allem Vorlagenwerke der renommierten Kunstschreinerwerkstätten tragen zu einem raschen Informationsfluss bei. Andere Kunstgewerbe- und Industrieausstellungen folgen mit ähnlichem Tenor nun nahezu jährlich. Das Ende der 70er- und die 80er-Jahre des 19. Jahrhunderts bringen nun eine gezielte Übernahme und Umsetzung des neuen Stils mit sich.

16 Ausstellungsraum der Deutschen Kunst- und Industrieausstellung 1876 in München. Zeitgenössische Fotografie.

Industrie und Kunstgewerbe

Die Umsetzung und die allgemeine Verbreitung des neuen Möbel- und Wohnstils bedürfen aufgrund der sich abzeichnenden großen Nachfrage vonseiten der Bevölkerung einer ausführenden Kraft. Was böte sich im Zeitalter der Industrialisierung besser an als die Industrie selbst? Aus einer gemeinsamen Interessenlage heraus beginnen Industrie und Kunst zu verschmelzen. Gemeinsam sieht man sich in der Lage, die vorherrschende stilistische Haltung binnen ein paar Jahren in adäquaten, fassbaren Produkten an die Gesellschaft weiterzugeben.

Diese Korrelation von Industrie und Kunstgewerbe, die zunächst ein schwer nachvollziehbares Moment darstellt, bildet sich nicht abrupt in den 70er-Jahren des 19. Jahrhunderts heraus. Sie ist eine Folge von ökonomischen und gesellschaftlichen Veränderungen, die seit Beginn der aufkommenden Industrialisierung im zweiten Drittel des 19. Jahrhunderts in Gang sind. Die bereits oft zitierten nationalen und internationalen „Industrie- und Kunstausstellungen" beinhalten rein verbal schon die organisierte Begegnung von Industrie und Kunst. Ein weiteres Beispiel von vielen ist das 1864 in Wien gegründete „Museum für Kunst und Industrie", das die bewusste Zusammenführung beider Interessengebiete belegt. Was Technik und Industrie an Erfindungen und modernen Herstellungsweisen hergeben, kann für das Kunstgewerbe von essenziellem Belang sein. Und umgekehrt kann was Kunstschaffende und Kunstgewerbetreibende an Schöpferischem und Kreativem zu bieten haben für die Industrie die geistige Basis für ihre Produkte sein – zumal wenn die Vorlagen eine mehrheitlich gültige Basis darstellen.

Was bisher nur einer elitären Schicht vorbehalten war, kann nun mithilfe der Industrieproduktion, je nach Ausführung und vorhandenen Mitteln des Einzelnen, für alle Bevölkerungsschichten kunstvoll realisiert werden. Die Kunstindustrie hat somit nicht nur die Aufgabe, die Einrichtungsgegenstände nach dem Nützlichen und nach dem Bedürfnis der Menschen auszurichten, sondern auch ästhetisch ansprechend zu gestalten. Die Verbindung von Kunst und Industrie soll somit erstmals die Möglichkeit bieten, kunsthaltige Einrichtungskultur durch rationelle Fertigung der breiten Bevölkerungsmehrheit erschwinglich zu machen.

Was sich seit dem zweiten Drittel des 19. Jahrhunderts anbahnt, kommt in seinen letzten drei Jahrzehnten voll zum Tragen. Die vermehrte Einrichtung von kunstgewerblichen Zeichenschulen, die institutionellen Vorbildersammlungen und die publizierten Vorlagenwerke bilden, zusammen mit eigenen, kreativen und zeitrelevanten Konstruktionsentwürfen, den geistigen Fundus als Beitrag der Kunstschaffenden. Industrie und Großbetriebe setzen diese Entwürfe kostengünstig in die Praxis um. Von jetzt an entscheiden die individuell eingesetzten Mittel, sprich die Zahlungskraft, über das künstlerische Niveau des Einrichtungsguts. Unter dem Aspekt der wirtschaftlichen Planbarkeit und allgemein gültiger Vorbildlichkeit kann die Kunstindustrie direkt ein ökonomisch abgestuftes Programm für die bevölkerungsweite Verbreitung des erkorenen Renaissancestils erstellen. Das Zusammenwirken von nationaler Einheit, politischer Stärke, wirtschaftlichem Aufschwung, voranschreitender Industrialisierung, allgemeiner Mobilität, gefördertem Bildungswesen und kunststilistischer Fixierung bilden die konstruktive Basis für eine kunsthistorisch auffällige Wohnkultur: die Gründerzeit. Diese ist geprägt von dem Zusammenwirken von Kunst und Industrie. Binnen kurzer Zeit verwirklicht die neue Kunstindustrie einen Einrichtungsstil, welcher der Mehrheit der Bevölkerung zugänglich gemacht wird.

Viele große und schier unzählbare kleinere Möbelhersteller bewirken eine landesweite Verbreitung des Gründerzeitstils. Regelrechte Möbelfabriken entstehen, die der allgemeinen Stilausrichtung mit Spezialisierung und Konformität begegnen. Grundlage für das schöpferische Gestalten der neuen Möbel sind einerseits die antiken Muster der Renaissance in Bild und Objekt, andererseits die eigens entworfenen Musterzeichnungen und Vorlagenwerke der Architekten, Kunstschreiner, Handwerksmeister und Gewerbelehrer. Große Möbelfabrikanten verpflichten solche prädestinierte Entwerfer und Erfinder als Modelllieferanten für künftige Produktionsprogramme. Vor allem die Großbetriebe sind es, die mit rationalisierten Fertigungsstrategien und organisierten, modernen Werbemaßnahmen (Teilnahme an überregionalen Ausstellungen, Verkaufsprospekte, Kataloge, Einrichtungsjournale etc.) dem allgemeinen Einrichtungsbedürfnis preis- und qualitätsgestuft begegnen können. Werbeanzeigen in Zeitungen und Modejournalen folgen. In den Möbelfirmen selbst werden Musterschauen jedermann zugänglich gemacht. Auf Industrie- und Gewerbeausstellungen vollzieht sich Gleiches, indem ganze Einrichtungsprogramme und Musterzimmer dargeboten werden. Die großen Möbelfabriken agieren auch außerhalb ihres Kundeneinzugsgebiets und schicken Vertreter in umliegende Regionen. Kommissionsgeschäfte und Katalogbestellungen sind bereits nach 1880 vermehrt nachweisbar.

Dies alles verändert das Verhältnis vom Kunden zum Hersteller. Wendet sich der Kunde insbesondere noch vor der Jahrhundertmitte an seinen Schreiner, um ihm einen Auftrag zur Fertigung eines Möbels zu erteilen, kommen nun die Hersteller mit fertigen Produkten auf den Kunden gezielt zu. Die Wählbarkeit des Einrichtungsguts ist dadurch im Vorfeld des Kaufs direkt geschaffen, und der Käufer kann sich nach seinen persönlichen Möglichkeiten einrichten.

Die neuen Produktionsformen und Betriebsstrukturen ermöglichen durch gestufte Einrichtungsprogramme eine für jedermann nachvollziehbare Preis-/Leistungsspiegelung. Nach 1880 entsteht eine regelrechte Angebotssituation auf dem Einrichtungsmarkt. Einzelstücke, Pendants, Ensembles, ja komplette Wohnungseinrichtungen werden in unterschiedlichsten Material- und Verarbeitungsqualitäten zu gestuften Preislagen angeboten. Es herrschen bereits in dieser Zeit die Gesetze der freien Marktwirtschaft. Gesteuert von (vielfältigem) Angebot und (großer) Nachfrage, beginnt ein allgemeines Konkurrieren, das sich in allen Wirtschaftsbereichen vollzieht und am Beispiel der Möbelfabriken genauso zu verfolgen ist.

Hof-Tischlermeister Sr. Majestät des Kaisers und Königs.
J. Groschkus
Tischlermstr.
FABRIK UND LAGER
eleganter und einfacher Zimmereinrichtungen.
Telephon-Amt VII, No. 5337.
Berlin N.O., den 7.
Rechnung für

1	675 -
1	185 -
1	55 -
1	45 -
1	8 -
1	185 -
1	45 -
12	216 -
2	—
	170
	1584 -

17 RECHNUNG DER HOF-MÖBEL-FABRIK JULIUS GROSCHKUS, BERLIN, datiert 7. November 1890.

Die 100 wichtigsten Hersteller

Die nachfolgenden Abschnitte enthalten einen Abriss bekannter und namhafter Möbelfabrikanten, Kunstschreinereien, Baumeister und Entwerfer. Die aus den deutschen Regionen angeführten Firmen sind freilich nur ein Bruchteil derjenigen, die es tatsächlich zur Gründerzeit gibt. Fast jede Kleinstadt hat ihren Möbel herstellenden Betrieb, und in jeder Großstadt fügt sich eine weitere Anzahl von entsprechend großen Unternehmen hinzu. Durch die vorwiegende Konzentration dieser Firmen in Städten ergeben sich zugleich wichtige regionale Zentren.

München wahrt auch in der Gründerzeit seine Stellung als süddeutsche Wirtschafts- und Kulturmetropole. Viele Anregungen und Förderungen gehen hier vom Hof aus. König Ludwigs II. reger Bautätigkeit in und um München und den damit verbundenen staatlichen Einrichtungsaufträgen ist es zu verdanken, dass München in dieser Zeit als ein Zentrum des niveauvollen Möbelbaus regionale und überregionale Geltung hat. Weiterhin zeigen sich der Münchner Kunstgewerbeverein und die regionalen und überregionalen Kunst- und Industrieausstellungen sehr wirksam für das kunstgewerbliche Ansehen Münchens. Nach dem Renaissance-Verfechter Lorenz Gedon (1843 – 1883), der 1874 eine Firma für Wohnungseinrichtungen gründet und sich somit von der Architektur auf die Innenarchitektur verlegt, ist die Möbelfirma Anton Pössenbacher der wichtigste Möbelhersteller in München. Anton Pössenbacher (1842 – 1920) übernimmt in den 70er-Jahren in dritter Generation die Möbelschreinerei, deren Gründung durch den Großvater bis in das Jahr 1784 zurückverfolgt werden kann. Sein Vater Julius Pössenbacher ist bereits um die Jahrhundertmitte „Königlich-Bayerischer Hoflieferant“. 1888 wird die Firma Pössenbacher zum „Lieferant sämtlicher Möbel für die Königsschlösser“. Daneben richtet sich das Möbelunternehmen auch auf die Ausstattung bürgerlicher Wohnungen ein.

Als weitere bekannte Münchner Möbelhersteller sind die Firmen Ferdinand Radspieler, Hirner & Schmidt, Otto Fritzsche und S. Wörtmann anzuführen.

Im Raum Oberpfalz tut sich in **Cham** die Möbelfabrik Andreas Schoyerer hervor. Auch die Firma Schoyerer liefert Schlosseinrichtungen und bürgerliche Wohnungseinrichtungen.

Aus **Coburg** ist die Firma Hoffmeister und Grasser bekannt.

In **Ulm** tritt die Möbelfabrik Theo Berger 1888 mit 25 musterhaften Ausstellungszimmern in den Vordergrund.

Die Möbelfirmen F. W. Bauer, Sussmann, Gerson & Weber, Seubert & Schlingen, Bühler & Feucht, Hauser, Braun, Schöttle, Withs Söhne, Sonnentag und Huber konkurrieren in **Stuttgart**, das sich zu einem bedeutenden Möbelzentrum entwickelt.

In **Karlsruhe** kommt es ebenfalls zu einer Konzentration von Möbel herstellenden Betrieben. Die dortige Kunstgewerbeschule mit ihren Architekten Josef Durm, Hermann Götz, Gustav Kachel und Karl Schäfer nimmt gewichtigen Einfluss auf das ansässige Kunstgewerbe. Die Möbelfirmen Heinrich und Karl Himmelheber, Ziegler & Weber, G. Stoevesandt und J. L. Distelhorst sind aus Karlsruhe bekannt. Auch sie erstellen qualitätsvolle Einrichtungen für den öffentlichen und privaten Bereich.

Aus **Mannheim** stammt die Möbelfabrik F. W. Burk's Nachfolger, die in ihrem breit gefächerten Programm ganze Zimmereinrichtungen führt und diese, wie viele andere große Möbelfirmen auch, als ständige Vorführzimmer ausstellt.

In **Heilbronn** gibt es die Möbelfabrik Ernst Dauer. Im mainfränkischen Würzburg hält sich die alteingesessene Möbelfirma Adam und Stephan Barth. Diese Kunstschreinerei ist eine der ersten deutschen Firmen, die schon in der Jahrhundertmitte Möbel im Renaissancestil herstellt.

Im rheinpfälzischen **Edenkoben** kommt im frühen 19. Jahrhundert eine Schreinerfirma Christian Niederhöfer Söhne hervor, die sich besonders in der Gründerzeit zu der regional bedeutsamsten Möbelfabrik entwickelt.

Aus **Darmstadt** ist die Hof-Möbel-Fabrik J. Gluckert bekannt.

Aus der Schreinerfamilie Niederhöfer stammt der in **Frankfurt** ansässige Architekt, Kunstgewerbelehrer und Möbelentwerfer Philipp Niederhöfer. Philipp Niederhöfer gibt nach 1880 den „Frankfurter Möbel-Bazar“ heraus, ein in Folge erscheinendes Vorlagenwerk mit Möbelentwürfen und kompletten Zimmereinrichtungen. Aus Frankfurt a. M. sind zudem die Firmen Schneider & Hanau und F. Schlesicky hervorzuheben.

In **Mainz** gibt es die Möbel- und Ausstattungsfirma Bembé, die zu den größten und richtungweisendsten Unternehmen der Einrichtungsbranche im südwestdeutschen Raum gerechnet werden muss.

Im westdeutschen Raum tut sich besonders die Firma Pallenberg in **Köln** hervor. Heinrich Pallenberg gründet seine Möbelfirma in den 20er-Jahren des 19. Jahrhunderts. Bereits 1836 besitzt er zwei Dampfmaschinen und um 1850 zählt sein Betrieb mit etwa 50 beschäftigten Tischlern, Drechslern, Bildhauern, Vergoldern und Tapezierern zu den größten in der Region. Die Firma Pallenberg ist 1851 auf der Londoner Weltausstellung vertreten. 1861 werden die Söhne Jakob und Franz Pallenberg Teilhaber der Firma, die bis 1932 besteht.

1876 nimmt die Firma Pallenberg an der Münchner Ausstellung teil und zeigt Möbel im Stil der niederländischen Hochrenaissance. Außerdem ist das Unternehmen auf der Düsseldorfer Ausstellung von 1880 präsent, ebenso auf allen anderen größeren Kunstgewerbeschauen der nachfolgenden Zeit. Auch die Firma Pallenberg pflegt gute Kontakte zur Aristokratie. Die qualitätsvollen Produkte des Kölner Betriebs zeichnen sich durch Lieferungen an Prinz Albrecht von Preußen, Prinzessin Louise in Wiesbaden, an den Kaiserpalast in Tokio und an den Kaiser von Siam aus. Weiterhin kann noch die Ausstattung des deutschen Dampfers „Bremen“ erwähnt werden.

Weiter nördlich gibt es die Möbelfirma Wilhelm Duda aus **Gelsenkirchen**. Die Firma Otto Prange ist in **Herford** ansässig.

Im mitteldeutschen Raum ist der Königlich-Sächsische Hoflieferant O. B. Friedrich aus **Dresden** marktführend. Dieses Unternehmen nimmt 1873 an der Wiener Weltausstellung teil und wird dort mit einem Ehrendiplom ausgezeichnet. Aus Dresden stammen ebenso die Möbelfirmen Leo Meyer, Udluft & Hartmann, Richard Schade, H. Fickler, Paul Koppel, Jacob & Co. und L. Mendelsohn. In **Leipzig** ist neben den Firmen F. A. Schütz und Franz Schneider auch die Berliner Hof-Möbel-Fabrik Carl Müller & Comp. mit einer großen Filiale vertreten.

Die Stuhlfabrik Gustav Tänzer ist in **Zwickau** ansässig; aus **Olbernhau** kommt die Firma Otto Weinhold jr. und aus **Halle** die Möbelfabrik Matrick.In **Chemnitz** gibt es die Möbelfabrik Julius Köhler Nachfolger. Die Hoflieferanten Ziegenhorn & Jucker aus **Erfurt** tun sich neben ihren kunstgewerblichen Erzeugnissen auch mit entsprechender Fachliteratur hervor. C. Bauer & Comp. produziert in Weimar, der Kunstschreiner Edwin Metz arbeitet in **Zeulenroda**.

Für den ostdeutschen Raum treten u. a. die Möbelfabriken H. Hauswalt und Gebr. Bauer aus **Breslau** in den Vordergrund. Aus **Schweidnitz** stammt die Firma E. Langer & Co. In **Langenbruck** bei Reichenberg ist die Möbelfabrik F. August ansässig. Weiterhin kann noch auf die Schlesische Holzindustrie-Gesellschaft vorm. Ruscheweyh & Schmidt aus **Langenöls** im Bezirk Liegnitz verwiesen werden.

Für die Zeit des Deutschen Reichs kommt **Berlin** uneingeschränkte Vormachtstellung unter allen deutschen Städten zu. Die Reichshauptstadt entwickelt sich bis 1910 nicht nur zur mit weitem Abstand größten deutschen Stadt, sie ist in dieser Zeit zugleich die dichtestbesiedelte Stadt der Welt (vgl. Lange, 1984, S. 500). Berlins Millionengröße wirkt sich auch auf das Einrichtungsgewerbe aus. Schon 1870 heißt es diesbezüglich in einer Festschrift der Berliner Kaufmannschaft: „Seit Ende der 40er-Jahre ... hat sich ... ein massenhaftes Möbelgeschäft ausgebildet, das unsere Stadt und fast alle Gegenden Deutschlands mit seinen Erzeugnissen versorgt.“ (vgl. Forkel, 1990, S. 64)

Im Laufe der Jahre werden „Berliner Möbel“, vor allem die furnierten Nussbaummöbel, zu einem Begriff. Die Grundlage für die vielen Möbel herstellenden Betriebe bilden qualifizierte Architekten, welche in sehr rühriger Weise die Möbel entwerfen. In Vorlagenwerken tauchen immer wieder die Architektengemeinschaften Ihne & Stegmüller und Kayser & v. Groszheim auf, die besonderen Einfluss auf die Entwicklung der Berliner Möbel nehmen. Weiterhin bekannt sind die Architekten und Entwerfer Siebert & Aschenbach, Cremer & Wolfenstein, Hoeninger & Reyscher, H. Seeling, Balcke & Wehling, E. Baumgarten, E. Sputh, H. Stiller und P. Schroeder.

In der Gründerzeit gibt es in Berlin u. a. folgende große Möbelschreinereien und Möbelfabriken:
Ferd. Vogts & Co., Hess & Rom, C. Prächtel, H. Hirschwald, Max Schulz & Co., G. Wenkel, C. Ziem, Joh. Pingel, E. Langer, Right & Pingel, H. Grisebach, Right & Wenkel, C. Arnold, A. Schütz & M. Meurer, G. Gummig, Fried. Thierichens, G. Richt, A. Richt, C. G. Hörich & Co., Richter, Otto Völker, Herm. Schirmer, Julius Groschkus, A. Hildebrandt, M. Schachtmeyer, Carl Müller & Comp., Spinn & Mencke, Louis u. Siegfried Löwinson, A. Buckendahl, Otto Salzmann, Hermann Jacob & Braunfisch, Simon, Dittmar's Möbel-Fabrik, Jaekel's Patent-Möbel-Fabrik, H. Roggensack, Neubelt & Co., M. Hirschel, F. Krause & Co. Inh. M. Obbarius, Rudolf Höffner, H. Pfaff & Co. und Wilh. Ewert. Weiterhin kann auf eine in Berlin ansässige „Renaissance KG“ verwiesen werden. Außerdem ist bezeichnend, dass sich die Berliner Firma T. Kühnel „Deutschlands Centrale für Möbel-Verzierungen“ nennt.

Im norddeutschen Raum arbeiten in **Hamburg**, entsprechend der Stadtgröße, etliche Schreinerbetriebe und Möbelfabriken. Die bekannteste Kunstschreinerei ist die Firma Heinrich Plambeck, die bereits 1851 auf der Londoner Weltausstellung ihre Produkte darbietet und besonders durch ihre Intarsienarbeiten berühmt wird. In diesem Zusammenhang muss auch der Kunsttischler Hermann Loose genannt werden. Aus Hamburg stammen weiterhin die Firmen H. C. Wolbrandt, J. D. Heymann, J. H. C. Wipper, M. Bönig, Schmidt & Sohn, Lehmann und H. N. Koste. Der Hamburger Georg Hulbe erlangt überregionale Bedeutung als Spezialist für geprägte Stuhl-Lederbezüge.

Aus **Hannover** kommen die Firmen Edwin Oppler, C. Hehl, Bähre und Rehbock. Außerdem tritt eine Möbelfabrik Ed. Wellhausen in den Vordergrund, deren Angebot und Produkte im Folgenden beispielhaft herangezogen werden.

Die Möbelfirmen Wilkens & Söhne und J. H. Meyer sind in **Bremen** ansässig, die Firmen Aug. Meiners, Stolle und Adolf Claussen zählen zu den Unternehmen in Oldenburg.

Im äußersten Norden, in **Flensburg**, gibt es die Möbelfirma Friedrich & Wilhelm Jasper. Die für die künstlerische Entwicklung in dieser Zeit und in dieser Region wichtigste Firma stammt ebenso aus Flensburg. Es ist die Firma Heinrich Sauermann. Heinrich Sauermann (1842 – 1904) nimmt von der Wiener Weltausstellung 1873 und von der Deutschen Kunstgewerbeausstellung 1876 in München den vorherrschenden stilistischen Zeitgeist intensiv auf und trägt mit seiner Neorenaissance-Zimmereinrichtung, mit welcher er 1878 die Schleswig-Holsteinische Landesausstellung beschickt, zur regionalen Verbreitung des „altdeutschen Geschmacks“ bei. Besonders nach 1880 lässt Sauermann regiontypische Ornamentformen, z. B. Kerbschnitt, in seine Neorenaissance-Möbel einfließen (vgl. Mundt, 1981, S.132).

Die Firma Heinrich Sauermann ist auch mit entsprechenden Zimmern auf der Münchner Ausstellung von 1888 und auf der Weltausstellung 1893 in Chicago vertreten. Vom Deutschen Reich wird sie offiziell beauftragt, zur Weltausstellung in Paris im Jahre 1900 eine Zimmereinrichtung zu schaffen, welche die „reichste Ausstattung deutschen Charakters“ beinhalten soll.

Bei dieser Auflistung von Möbelfirmen sind sicherlich nur die größten und namhaftesten Betriebe erfasst. Es ist davon auszugehen, dass durch weitere Recherchen eine noch wesentlich umfangreichere Anzahl von Möbel herstellenden Unternehmen eruiert werden kann.

Für die Stadt Berlin müssen zwei Möbelfirmen noch gesondert hervorgehoben werden. Es handelt sich dabei einerseits um eine Möbelschreinerei, die, zumindest was den einen Firmenteilhaber betrifft, bereits im Biedermeier kunstvolle Produkte hervorbringt: die Firma **Kimbel & Friedrichsen**. Sie ist die Nachfolgefirma des Wilhelm Kimbel (1786 – 1869), der neben Anton Bembé und Wolfgang Knussmann in Mainz zu den bedeutendsten Möbelschreinern des Biedermeier zählt. Martin Kimbel, der Sohn Wilhelm Kimbels, etabliert sich zusammen mit seinem Teilhaber um 1900 in Berlin, nachdem er zuvor in Breslau die führende Möbelwerkstatt innehatte. Zu den stilistischen Schwerpunkten der Firma Kimbel & Friedrichsen zählt die Neorenaissance. Das Unternehmen, das bis 1945 besteht, stattet in seiner Berliner Zeit viele, vorwiegend gehobene Haushalte aus.

Die andere Berliner Möbelfirma, die es verdient gesondert erwähnt zu werden, ist die **Hof-Möbel-Fabrik Julius Groschkus**. Diese Großschreinerei stellt zwar wie die meisten Möbelfabriken dieser Zeit in erster Linie Möbel für die breite Bevölkerung her, ihre Produkte heben sich jedoch vom allgemeinen Niveau deutlich ab. Kunstgeschichtliche Bedeutung erlangt der Inhaber dieses Unternehmens Julius Groschkus mit seinen auftragsgemäßen Sonderanfertigungen. Der Hof-Tischlermeister Julius Groschkus erschafft elitärer Klientel hoch qualitative Einrichtungsgegenstände, die, vom Büffet bis zur Standuhr, zu den Spitzenstücken gründerzeitlicher Möbelbaukunst zählen. Seine hervorstechenden Arbeiten machen Julius Groschkus vergleichsweise zum „Danhauser der Gründerzeit“. (Der Wiener Josef Danhauser war einer der bekanntesten und wichtigsten Möbelfabrikanten und Möbelbaumeister des Biedermeier.)

18 **Grosser Salonschrank.** Nussbaum massiv und furniert. Mit drei meisterlichen Ölgemälden.
Hersteller: Hof-Möbel-Fabrik Julius Groschkus, Berlin, um 1870/80.
9.000 € / 11.000 €

19 **Damenaufsatzschreibtisch.** Technisch raffiniertes Geheimfach unterhalb des Schuppendaches. Nussbaum furniert. Hersteller: Hof-Möbel-Fabrik Julius Groschkus, Berlin, um 1880/90.
4.000 € / 4.800 €

20 **Grosser Spiegelschrank.** Nussbaum furniert.
Hersteller: Hof-Möbel-Fabrik Carl Müller, Berlin, um 1880/90.
4.000 € / 4.800 €

Gründerzeit-Wohnkultur: Die Art des Wohnens

Auf unsere heutige Zeit bezogen, kommt dem Begriff „Wohnkultur" eine andere Bedeutung zu als in vorangegangenen Jahrhunderten. Heutzutage gibt es keine allgemein verbindliche Wohnkultur, an der sich die Mehrheit der Bevölkerung ausrichtet. Im Gegensatz zu früher ist das heutige Wohnen durch eine Vielzahl von differenzierten Wohnkulturen gekennzeichnet. Ein breites wohnkulturelles Spektrum reicht von der „rustikalen gutbürgerlichen Einrichtung" zur „legeren antikonventionellen Einrichtung" und von der „historisch-nostalgischen Einrichtung" zur „modern-futuristischen Einrichtung" sowie deren Mischformen. Querverbindungen zu Einkommen, gesellschaftlichem Stand oder Lebenshaltungen können dabei generell nicht hergestellt werden. Auch lassen die heutigen Wohnkulturen keine prinzipiellen Milieurückschlüsse zu. Dafür herrschen in der Gegenwart zu unterschiedliche Wertorientierungen und Lebensstile vor. Wohnnormen treten als kurzfristige Trends auf und werden binnen kurzer Zeit wieder von anderen Modeerscheinungen aufgehoben.

Anders verhält es sich, wenn der Begriff „Wohnkultur" auf frühere Jahrhunderte angewandt wird. Mit der Dauerhaftigkeit der Stile geht die Dauerhaftigkeit und Allgemeingültigkeit einer Wohnkultur einher. Jede historische Wohnkultur ist ein Spiegel ihrer Zeit und ein Ausdruck der jeweiligen Gesellschafts- und Lebensform der Menschen. Im Gegensatz zu heute lassen sich Wohnkulturen in der Vergangenheit zeitlich begrenzen und gesellschaftskennzeichnend erfassen. Über Generationen hinweg dominiert eine gesellschaftsgültige Wohnkultur, die sich innerhalb der Gesellschaftsschichten und Kulturkreise abwandelt, ohne ihren allgemeinen Tenor zu verlieren.

Im Laufe der Jahrhunderte werden die Abstände für zeitlich feststellbare Wohnkulturen auffällig kürzer. So bildet sich im frühen 19. Jahrhundert mit dem Biedermeier eine noch deutlich erfassbare Wohnkultur heraus, die sowohl einen kunsthistorischen Abschnitt als auch das gesellschaftliche Leben der Zeit kennzeichnet. Mit dem Aufkommen des Stilpluralismus im Historismus nach etwa 1830/40 fällt es schwer, eine allgemein gültige Wohnkultur in Deutschland zu spezifizieren. Obwohl der Stilpluralismus seine Bedeutung bis zum Ende des 19. Jahrhunderts noch verstärkt und im Grunde selbst ein zeittypisches Merkmal darstellt, kommt dann aber erst nach 1871 eine erneut klar zu erfassende Wohnkultur mit der Gründerzeit hervor. Für etwa 40 bis 50 Jahre wird der Gründerzeit-Stil zum beliebtesten Wohnstil in Deutschland. Hier wird der Begriff „Wohnkultur" wieder anwendbar.

In der Gründerzeit-Wohnkultur spiegelt sich fast ein halbes Jahrhundert deutscher Kulturgeschichte wider. Sie gibt Aufschluss über die damalige Gesellschaft, die Lebensform der Menschen und ist die wohnkulturelle Reaktion auf politische Ereignisse und die Folge von wirtschaftlichen Entwicklungen. Die Gründerzeit-Wohnkultur und besonders der Gründerzeit-Möbelstil beinhalten typische, unverwechselbare Komponenten und Merkmale, welche die Gründerzeit als Ausformung einer nationalen Stilauffassung des Historismus ausweisen.

Für die Erfassung der Gründerzeit-Wohnkultur müssen neben den relevanten kunstgeschichtlichen Faktoren auch und besonders die wirtschaftspolitischen Entwicklungen sowie die soziokulturellen Begleiterscheinungen des 19. Jahrhunderts dargelegt und in Zusammenhang gebracht werden. Gerade am Beispiel der Wohnkultur wird evident, wie in Deutschland nach 1870 außerkünstlerische Faktoren das Kunstgewerbe beeinflussen und eine Stilausprägung bewirken.

Der neue Wohnstil wird anhand von Mustern dargeboten. Einrichtungsnormen bleiben dadurch nicht aus. Im Gegenteil, sie sind wohnkulturell beabsichtigt und wirtschaftlich geplant. Wie immer gibt auch in der Gründerzeit die Gesellschaft Wohnnormen vor. Vor allem die führenden Gesellschaftsschichten treten mit einer wohnkulturellen Leitbildfunktion hervor. An ihr richten sich die anderen Gesellschaftsschichten aus. Die Hauptzielgruppe für den nach 1871 neu aufkommenden Wohnstil ist, neben der gut situierten Oberschicht, die breite Mittelstandsbevölkerung, die durch erlangten Wohlstand ein gesteigertes Repräsentationsbedürfnis entwickelt. Aus der sozioökonomischen Situation der Oberschicht und des Mittelstands lässt sich ein Wohnstil normen, der zudem mit der neuen politischen Lage und geistigen Haltung in Einklang zu bringen ist. „Wohnen" – als Ausdrucksmittel der persönlichen und gesellschaftlichen Identität – besitzt in der Gründerzeit einen hohen Stellenwert. In jener Zeit sind es hauptsächlich die Wohnung und das Inventar, mit denen der soziale Aufstieg erlebbar und vorzeigbar wird.

Der Umstand, dass das Bestreben nach „bürgerlichem Wohnen" alle Bevölkerungsschichten erfasst, macht die Gründerzeit-Wohnkultur zu einem gesellschaftskulturellen Phänomen. Sind bei vorangegangenen Wohnkulturen und Stilen noch deutliche Unterschiede bezüglich „bürgerlicher" und „ländlicher" Einrichtungstendenzen zu erkennen, kommt es in der Zeit nach etwa 1890 zu einer prinzipiellen Vereinheitlichung von Wohnnormen. Diese werden für alle Einkommensschichten und Kulturkreise innerhalb der Gesellschaft relevant. Die Gründerzeit-Wohnkultur behält ihre Popularität bis in das 20. Jahrhundert hinein. Obwohl der Gründerzeit-Stil um 1890 mit anderen Neostilen wie Drittes Rokoko, Neobarock und Neogotik merklich zu konkurrieren hat und nach 1900 mit den Stilelementen des Jugendstils teilweise durchsetzt ist, bleibt er ungeachtet aller Einflüsse bis 1914 der bevölkerungsweit vorherrschende Wohn- und Möbelstil. Gerade in der Zeit von etwa 1890 bis 1914 entstehen anzahlmäßig die meisten Gründerzeit-Möbel. Vor allem die Komplettausstattungen (Möbelgruppen, Ensembles, zusammengehörige Zimmer) entstehen in dieser Zeitspanne. Anhand vieler erhalten gebliebener Möbel, die aufgrund ihrer Verarbeitungsmerkmale und ihrer oft etikettierten Herkunft unzweifelhaft den beiden Jahrzehnten um die Jahrhundertwende zuzuordnen sind, und durch die zeitlich ausgewiesenen Angebotskataloge der Möbel herstellenden Betriebe kann belegt werden, dass Angebot und Nachfrage bezüglich des Gründerzeit-Einrichtungsstils bis 1914 aufrechterhalten bleiben.

Erst mit dem Ersten Weltkrieg kommt eine allgemeine Erschütterung politischer, wirtschaftlicher und kultureller Art, die sich grundlegend auch auf die Wohnkultur niederschlägt und sich auf die Entwicklung nachfolgender Stile auswirkt. Der Erste Weltkrieg und dessen Folgen bewirken eine Abkehr von den gründerzeitlichen Wohnprinzipien. Dies gilt allerdings wiederum nur dann, wenn es um Neuanschaffungen in gehobenen (avantgardistischen) Haushaltungen geht.

Der elitäre Wohnstil

Der Gründerzeit-Wohnstil kann heute noch nach über 100 Jahren sehr plastisch aufgezeigt werden. Anhand von erhalten gebliebenen Möbeln, Einrichtungsentwürfen, Musterzimmern und Fotografien kann vieles, was diesen Wohnstil kennzeichnet, rekonstruiert werden. Außerdem geben zeitgenössische Publikationen über Inneneinrichtungen atmosphärische Schilderungen vom damaligen Wohnen. Selbst Stimmungen und Attitüden dieser Zeit werden dadurch nachempfindbar. Hier tun sich geistige Vordenker und Wohnratgeber hervor, um dem neuen bürgerlichen Mittelstand und der aufstrebenden Schicht des Kleinbürgertums Richtlinien für die stilgerechte Inneneinrichtung des Hauses zu geben.

Es erscheinen Anleitungen zur häuslichen Einrichtung und Kunstpflege in Buchform. Ihre Verfasser sind meist Verfechter und engagierte Vorreiter der Neorenaissance, wie z. B. Jakob von Falke oder Georg Hirth. Deren Bücher sind für die oberen und mittleren Gesellschaftsschichten konzipiert. Die Inhalte sind erklärend und erläuternd gehalten und zudem reich illustriert. Fast immer werden Verbindungslinien zu Kunststilen vergangener Jahrhunderte gezogen, wird Vergangenes als vorbildlich herausgestellt. Besonders die Epoche der Renaissance wird deutlich hervorgehoben.

Jakob von Falkes „Die Kunst im Hause" (1871) und Georg Hirths „Das Deutsche Zimmer der Renaissance – Anregungen zur häuslichen Kunstpflege" (1880) zählen zu den Standardwerken. Sie gelten als Leitfaden für die Zusammenstellung der Einrichtung und für das passende, stilvolle Ambiente. An diesen Werken richten sich nicht nur viele begüterte Zeitgenossen aus, auch die Kunstindustrie orientiert sich an den vorgegebenen Maßstäben und Ratschlägen. Innenarchitekten, Dekorateure und Ausstattungshäuser nehmen sich daran ein Vorbild und lassen adäquate Wohnprogramme entstehen.

Die Einrichtungsanleitungen von Jakob von Falke und Georg Hirth sind derart ausführlich und detailliert gehalten, dass kaum ein Winkel des Hauses unberücksichtigt bleibt. Zu allem, was die Einrichtung betrifft, wird Stellung genommen. Dies geschieht sowohl historisch fundiert als auch persönlich engagiert.

Falkes und Hirths Werke haben durchweg pädagogischen Charakter, indem sie lehrreich die „antike" Einrichtungskultur verständlich darstellen und zugleich in erzieherischer Weise deren Übertragung auf die aktuelle Einrichtungssituation der Mitbürger leisten wollen.

Einige der Einrichtungsanleitungen aus diesen zeitgenössischen Wohnratgebern sollen zeigen, wie und inwieweit ästhetische Regeln und Verdikte den Gründerzeit-Wohnstil bedingen und normen.

Zum Thema „Türen"

„Mit der Vertäfelung verbunden ist zunächst die Tür. An den vornehmen Beispielen harmonieren beide in Struktur, Ornamentik, Holzarten und Farbe, indessen läßt sich dies nur als Wunsch, nicht als Regel aufstellen. Das Hauptportal eines größeren Gemachs kann als tektonisches Prachtstück ausgezeichnet werden, während die Nebentüren sogar einfacher als die Vertäfelung behandelt werden.“ (Hirth, 1880)

Zum Thema „Speisezimmer“

„Das Speisezimmer verlangt eine durchaus ruhige Wand, denn das Interesse konzentriert sich auf die Mitte, auf den Speisetisch und seine Gäste ... Da die Wand ruhig sein soll, so muß auch ihre Verzierung in gewisser Weise gedämpft sein. Freie historische Gemälde sind nicht am Platze, denn sie ergeben ein Bild im Bilde. Von vortrefflicher Wirkung aber sind alte Porträts in dunklem Rahmen ... Auch Stilleben, Frucht- und Blumenstücke, Jagd- und Tierstücke in der alten Weise gemalt, farbig und doch von trefflichem, gehaltenem Gesamtton, sind für das Speisezimmer ein ganz vorzüglicher Schmuck.“ (Falke, 1871)

Zum Thema „Salon“

„Dagegen mag man denn im Salon entfalten, was man an Glanz und Pracht, an elegantem Scheine zur Repräsentation des Hauses für nötig hält. Der Salon ist die Stätte der Geselligkeit ... Die Wände können lebhafter und farbiger sein, der Plafond mag alle dekorative Kunst entfalten ... Kunstgegenstände aller Art, Statuen, Statuetten, Büsten in den Ecken und auf den Konsolen, moderne Bilder mit ihrem lebhafteren, bunteren Kolorit, Prachtbände und Kupferwerke auf den Tischen, all das vermag in der glänzenden Mannigfaltigkeit seine Stelle zu finden. Ein solcher Reichtum des Schmuckes und der Ausstattung ist gewissermaßen notwendig und nicht bloß, um zu zeigen, dass der Salon, die neutrale Stätte der modernen Bildung, auch auf der Höhe derselben sei. Leere Tische, nackt Wände, kahle Flächen sind nirgends so unerträglich wie im Salon, ... wo das Gespräch, tausend Dinge berührend, überall nach Anregung sucht.“ (Falke, 1871)

Neben diesen und anderen Einrichtungsanleitungen gibt es zahlreiche Tafel- und Vorlagenwerke, welche mustergültig Einrichtungsgestaltungen der gehobenen Art vorgeben. Eines der wichtigsten Vorlagenwerke ist das des Berliner Architekten Friedrich Schwenke. Die beiden Bände „Ausgeführte Möbel und Zimmereinrichtungen der Gegenwart“, herausgegeben 1881 (Band I) und 1884 (Band II), enthalten einen weit reichenden Überblick hinsichtlich des kunstgewerblichen Schaffens dieser Zeit, indem die Einrichtungsprodukte der mitunter namhaftesten Möbelfirmen dargestellt werden. Da meist ganze Zimmer und komplette Wohnsektoren dokumentiert sind, können daraus übergreifende Erkenntnisse, Vergleiche und Gemeinsamkeiten zu Falkes und Hirths Wohnauffassungen gewonnen werden. Friedrich Schwenkes Sammelwerk beinhaltet neben den gezeigten Kompletteinrichtungen aber auch viele Einzelmöbel, die führende Möbelentwerfer und renommierte Möbelfabrikanten anlässlich von überregional bedeutsamen Kunst- und Industrieausstellungen der Zeit um 1880 erstellten.

Diese Möbel, die allesamt meisterlichen Charakter haben und von entsprechenden Entwerfern und Herstellern aus allen deutschen Regionen stammen, zeigen aufgrund ihrer aufwändigen Konzeption und ihrer höchst repräsentativen Erscheinung zugleich, welcher Einkommens- und Gesellschaftsschicht sie zuzuordnen sind.

Zusammenfassung

Das Zusammenspiel aller Einrichtungsgegenstände und Raumdekorationen ergibt eine bewusst angestrebte Komplettierung und Intensivierung des gewählten Wohnstils. Das Erzeugen einer einheitlichen „Stimmung“ im Raum bestimmt die Gründerzeit-Wohnkultur. Weiterhin ist eine grundsätzliche Tendenz zur Fülle vorhanden. Überall kommen Ornament, Struktur, Muster und Gliederung zum Vorschein. Fülle und renaissanceverpflichtetes Ornament stehen hier in direkter Verbindung zu der von Reichtum geprägten Wohnkultur.

Der elitäre Gründerzeit-Wohnstil der 70er- und 80er-Jahre des 19. Jahrhunderts zeigt großbürgerliche und aristokratische Wesenszüge. Von einer „Verbürgerlichung“ kann hier nicht die Rede sein. Vielmehr ist diese frühe Gründerzeit-Wohnkultur von einer „Verfürstlichung“ gekennzeichnet.

Wie immer realisiert sich der dogmatische Ansatz der Neorenaissance in seinem praktischen Vollzug zuerst in den elitären Gesellschaftsschichten. Im Adelsstand, in Fabrikantenhäusern oder in anderen gutsituierten Bürgerkreisen wird diese neue Idee des modernen Wohnens zuerst aufgegriffen und mit entsprechenden Mitteln verwirklicht. Was Wohn-Ratgeber wie von Falke und Hirth als ästhetische, stilvolle „Edikte“ ausgeben, kann nur mit überdurchschnittlichem Einkommen in die Wohnpraxis umgesetzt werden. Was Sammelwerke und Vorlagenwerke wie das von Schwenke vorzeigen, ist nur höchsten Gesellschaftskreisen mit entsprechenden Vermögensverhältnissen erschwinglich. Schon allein die Räumlichkeiten, in denen sich ein derart großzügiger Wohnstil entfalten kann, finden sich nur in Herrschaftshäusern adeliger und großbürgerlicher Art. In solchen Lokalitäten etabliert und manifestiert sich der für diese Zeit avantgardistische, elitäre Gründerzeit-Wohnstil, der richtungweisend für die Gesamtbevölkerung wird und in abgewandelter Form volksweite Popularität erlangt.

21 Prospekt der Möbelfirma Rudolf Höffner, Berlin, um 1895/1900.
Die im Prospekt angebotenen Möbel aus Nussbaum oder Eiche verdeutlichen den großbürgerlichen und herrschaftlichen Anspruch des elitären Gründerzeit-Wohnstils. Die Preisangaben lassen erkennen, dass derartig qualitätsvolle Möbel für die einfachen und wenig betuchten Leute nicht erschwinglich waren (vgl. Historische Preisbewertung S. 50).

Der populäre Wohnstil

Der nach 1876 in herrschaftlichen Häusern manifestierte Möbel- und Wohnstil gelangt im Laufe der 80er- und 90er-Jahre des 19. Jahrhunderts zu einer volksweiten Verbreitung. Das Phänomen dabei ist, dass es trotz aller sozialen Spannungen und sozialökonomischen Differenzen innerhalb der Gesellschaft zu einer Gesamtaufnahme dieses Stils kommt. Obwohl gerade durch die Industrialisierung krasse Statusunterschiede zwischen Arbeitgeberschaft und Arbeitnehmern hervorgerufen werden, haben beide dennoch auf wohnkultureller Ebene gleich geartete Zielsetzungen. Obgleich die finanziellen Möglichkeiten und die kulturellen Voraussetzungen zwischen den oberen und unteren Gesellschaftsschichten weit auseinander klaffen, bleibt die Opposition des Arbeiters gegen den Möbel- und Wohnstil des Begüterten aus. Dies bedeutet: Was in der frühen Gründerzeit von meist aristokratisch orientierten Architekten entworfen und von entsprechend renommierten Möbel- und Ausstattungsfirmen hergestellt und an herrschaftliche Häuser verkauft wird, besitzt Vorbildlichkeit für alle gesellschaftlichen Stände.

Der Mittelstand, das Kleinbürgertum und die Arbeiterschaft sind bemüht, diesen von oberster Stelle vorgelebten Wohnstil zu adaptieren und zu kompensieren. Mehr oder weniger richtet sich jeder Deutsche zum Jahrhundertende derart ein. Dies gilt für Städter ebenso wie für die ländliche Bevölkerung, auch für die Bauern.

Dank der Kunstindustrie können alle Einkommensschichten an diesem traditionsbehafteten und gleichwohl modernen Einrichtungsstil partizipieren. Diese Partizipation bedeutet jedoch nicht nur wohnkulturelle Anpassung, sondern auch ökonomische Abwandlung. Die gegebenen, im Vergleich zur Oberschicht entschieden begrenzteren finanziellen Möglichkeiten müssen berücksichtigt werden. Sie sind ausschlaggebend für das Ausmaß der ökonomischen Stilabwandlungen. Einkommen, Vermögen, gesellschaftlicher Stand und das sich daraus ergebende Repräsentationsbedürfnis bilden die Grundkonstellation für die Verwirklichung des jeweils angestrebten Wohnens. Bei der Realisierung des populären Gründerzeit-Wohnstils müssen Einkommen und Einrichtungsgut in unmittelbare Verbindung gebracht werden. Die Relation von Preis und Qualität ist der entscheidende Faktor für das Erscheinungsbild dieser volksweiten Wohnkultur. Die finanziellen Einsatzmöglichkeiten bestimmen, inwieweit das kunsthaltige Einrichtungsniveau der führenden Gesellschaftsschichten für die mittelständischen und unteren Gesellschaftsschichten annäherbar wird.

Ausgangspunkt für eine Wohnungseinrichtung sind zunächst die vorhandenen Räumlichkeiten. Deren Art, Ausmaß und Lage geben größtenteils die wohnkulturellen Richtlinien vor. Während nach den Idealvorstellungen eines Wohnratgebers von 1880 eine Villa gut 20 Räume mit Empfangs-, Schlaf-, Bade-, Speise-, Musik-, Studier-, Damen-, Wohn-, Herren-, Fremden-, Kinder- und Domestikenzimmer, ferner Boudoir, Jagdhalle, Salon, Musterküche, Vestibül und Gartenterrasse aufzuweisen hat, herrscht in der Realität allenfalls die Vier- bis Fünf-Zimmer-Etagenwohnung vor. In „besseren Verhältnissen" sollten die Wohnungen aus Vorzimmer, Salon, Speise- und Schlafzimmer, Küche, Badezimmer und Gesindekammer bestehen (vgl. Pieske, 1979, S. 258).

Die Berliner Feuersozietät unterscheidet bereits um 1900 drei Arten von Wohnungen:

1. „hochherrschaftliche" und „herrschaftliche" Wohnungen mit repräsentativer Zimmerflucht in „gediegenster Ausführung", mit „elegantem Ausbau", mit Dampfheizung, auch schon mit Fernsprecher oder hydraulischem Personenaufzug, verschlossenem Haus mit Portier und mit Wagenremise;
2. „bessere bürgerliche Wohnungen" in „soliden Wohngebäuden" mit einer Reihe von Zimmern und Nebengelass;
3. „einfache Wohnungen" in „bürgerlichen oder geringen Wohngebäuden" mit Zimmern „einfachster Art", Küche, Keller und Boden ohne sonstiges „Beigelass", also mit Außentoilette (vgl. Lange, 1984, S. 500).

Die dritte Kategorie „einfache Wohnungen" stellt in der Gründerzeit die Mehrzahl der Wohnungen dar, gefolgt von den „besseren bürgerlichen Wohnungen". Eine vierte Wohnungskategorie, die Behausungen in „sozialen" Wohnungsbauten oder Arbeitersiedlungen, kommt für die Berliner Feuerversicherung wohl aufgrund ihrer Versicherungsunwürdigkeit erst gar nicht infrage.

Doch schon allein die dreiklassige Abstufung der Wohnungen reicht, um Rückschlüsse auf die sich darin befindliche Wohnkultur zu ziehen.

Wer finanziell in der Lage ist, eine Wohnung mit zehn oder mehr Zimmern in soliden oder herrschaftlichen Wohngebäuden zu unterhalten, kann zugleich einem gehobenen Wohnstil frönen. Was hier in meisterlicher Handwerklichkeit und architektonischer Vollendung zutage tritt, muss andernorts in qualitätsgestufter Reduktion verwirklicht werden. Nach diesem

Prinzip kann auch bei geringerem Einkommen und bei kleineren Wohnungen das Grundkonzept des elitären Wohnstils übernommen werden.

Besonders im größten Raum der Wohnung, der immer dem Wohnzimmer zugedacht ist und der in beengten Verhältnissen oft noch das Speisezimmer mit umfasst, vollzieht sich gründerzeitliches Wohnen. Dabei muss allerdings das „Wohnen" oft als „passives Repräsentieren" verstanden werden. Die „gute Stube" des Wohnbereichs dient als Repräsentationszimmer, in dem man seinen gesellschaftlichen Status darbieten kann. Dieser beste und hellste Raum im Haus ist nicht für die tägliche Begegnung seiner Bewohner konzipiert, sondern er ist der Ort der prestigeverpflichteten Selbstdarstellung. In der „guten Stube" werden die verfügbaren Werte akkumuliert und in deren Ausstattung steckt man den Hauptanteil der Einrichtungsinvestition. Hierzu bemerkt ein Literat 1884 zeitkritisch:

„Die guten Stuben, die alle Jubeljahre einmal gebraucht werden, sind für den Mittelstand ein dummer Luxus. Die Familie murkst in den Hinterzimmern herum, um nach vorn heraus ein Möbelmagazin zu haben, das nur des Scheuerns und Reinemachens wegen da ist." (vgl. Forkel, 1990, S. 18)

Obwohl heute die Ausstattungen der Hinterzimmer im Vergleich zu denen der Wohnzimmer weniger dokumentiert werden können, darf dennoch davon ausgegangen werden, dass in diesen Räumlichkeiten tatsächlich elementare Einsparungen getroffen werden, um im Wohn- oder Speisezimmer wohnkulturell glänzen zu können.

Gerade in den Wohn- und Speisezimmern, die in jeder bürgerlichen Wohnung vorhanden sind, kommt es also zur Übernahme des Neorenaissance-Stils. In jenen „Gesellschaftsräumen" prägen sich stereotype Wohnvorstellungen aus und wohnkulturelle Normen bekommen Allgemeingültigkeit.

Aus dem späten 19. Jahrhundert (vermutlich um 1880) stammt ein Hausfrauen-Ratgeber mit dem bezeichnenden Titel „Die Hausfrau in ihrem Schalten und Walten". Diese zeitgenössische Publikation hat die Frau, besonders in deren Stellung als Hausfrau und als „Herrscherin im Hause", zur Zielgruppe. Was schon im Titel des Buches angedeutet wird und auch aus dem Inhalt hervorgeht, belegt, dass die Frau im späten 19. Jahrhundert nicht nur für Sauberkeit und Ordnung im Haus zu sorgen hat, sondern auch für das Einrichten und Dekorieren der Räume zuständig ist. Die Rollenzuschreibung als Einrichterin hat seinerzeit in allen Gesellschaftsschichten Gültigkeit. In unteren Gesellschaftsschichten ist die Frau zwar oft aus finanziellen Gründen gehalten, mit Heimarbeit einen Zuverdienst beizusteuern, an ihrer dominanten Stellung im Haus ändert dies allerdings nichts. Von daher wird es bedeutsam, einen zeitgenössischen Hausfrauen-Ratgeber zu zitieren, zumal dieser aufzeigt, wie wohnkulturelle Richtlinien und stilistische Ratschläge im Sinne eines Jakob von Falke oder Georg Hirth aufgegriffen und weitergegeben werden.

Höchst interessant wird es, wenn es um das „Mobiliar des Wohnzimmers" geht:

„**Der Tisch.** Beginnen wir unter dem Notwendigen mit dem Notwendigsten, und das ist wohl unstreitig Tisch und Stühle. Der erstere, kräftig gebaut, fest und sicher auf 4 Beinen ruhend und an und für sich schon geräumig, am besten 95 cm auf 115 cm, muß durch Ausziehen auf den beiden Schmalseiten zur doppelten Länge gebracht werden können. Die Platte von Natureichenholz und mit angerundeten Ecken … findet … Platz … am besten in der Mitte des Zimmers. Über ihm ist eine Hängelampe angebracht, da Stehlampen überall, wo Kinder sind, der Gefahr des Umgeworfenwerdens ausgesetzt sind und darum höchst gefährlich erscheinen …

Stühle. Letztere, von kräftigem Bau und mit rohrgeflochtenem Sitz …, stimmen hinsichtlich ihrer Anzahl mit derjenigen der Familienmitglieder überein, in keinem Fall sind es weniger als vier. Ihr gewöhnlicher Platz ist rings um den Tisch, 2 stehen an den Fenstern, und nur der eine oder andere darf nötigenfalls an der Wand in einem günstigen Eckchen zwischen zwei anderen Hausgeräten untergebracht werden. Wenn, wie in der Mehrzahl der Fälle, und zwar mit völliger Berechtigung das Wohnzimmer zugleich als Speisezimmer benutzt wird, so ist das Büffet (der Anrichteschrank) nach Tisch und Stühlen das nächst notwendige Möbel. Mit geräumigem Schrank in seinem unteren Teile … bietet das Büffet reichlich Platz zum Unterbringen des feineren Tafelgeschirrs, von Eß- und Trinkwaren und einer Menge von sonstigen Gegenständen, die dem täglichen oder auch nur gelegentlichen Gebrauch dienen und, insofern sie offen zur Schau aufgestellt sind, derart ausgewählt sein müssen, daß sie für gewöhnlich dem Zimmer zum Schmuck gereichen …

In einer Ecke … wird ein gutes Gebrauchs-**Sopha**, vielleicht auch nur eine Chaiselongue (Ruhebett, Lotterbett, Faulenzer) aufgestellt mit einer Bekleidung – mag diese nun aus Leder oder Tuch bestehen –, die nicht auf eine allzu sanfte Behandlung angewiesen ist. Das Anbringen von Überzügen oder sonstigen

Schutzdecken und Tüchern aller Art macht auf den mit gesundem Geschmack begabten Menschen immer einen äußerst unbehaglichen Eindruck. Diese Sophaecke mit ihrem Wandschmuck und vielleicht einem ... kleineren Tisch vor dem Sopha bildet gleichsam ein kleines Reich für sich.

Ein bevorzugtes Plätzchen am Fenster nimmt ferner das Nähtischchen der Hausfrau ein. Hübsch ist die jetzt allgemeiner werdende Sitte, diesen Teil des Zimmers durch eine niedrige Erhöhung über den Fußboden und durch deren Umfriedung mit einem gefälligen Geländer besonders zu kennzeichnen. Dieses Geländer mit seinem nicht allzubreiten Schlussbrett und der säulenartigen Pforte eignet sich vortrefflich zur Ausstellung von einzelnen schönen Blattpflanzen oder blühenden Gewächsen und anderen kleineren Dekorationsgegenständen. Ein derartiges Erkerchen, das allerdings nur bei reichlich vorhandenem Raum anzubringen ist, da es selbst zum mindesten eine Tiefe von 1 m haben muß, macht einen äußerst anheimelnden Eindruck und sagt dem Eintretenden sofort, daß die Hausfrau im Wohnzimmer selbst sich als an ihrem eigentlichsten Platze fühlt und von ihrem erhöhten Sitze aus ihr kleines Reich in ständiger sorgsamer Beobachtung hält.

Uhr und Spiegel. Zu den notwendigen Ausstattungsstücken des Wohnzimmers gehören ferner auch Uhr und Spiegel. Als erstere empfiehlt sich für den besonderen Zweck der Regulator. Er findet seinen Platz an einer der Innenwände des Zimmers und prägt diesem Teile der Wand seinen besonderen Charakter auf. Der Spiegel, der für das Wohnzimmer nicht allzu klein sein darf, wird hinsichtlich seines Platzes vor allem durch seine Gestalt beeinflußt. Ein hoher, schmaler Spiegel findet häufig den geeignetsten Platz zwischen 2 Fenstern; ein langer, breiter läßt sich wirkungsvoll in oben etwas vorgeneigter Stellung über dem Sopha anbringen ... Wenn ... die Möglichkeit der Aufstellung gegeben erscheint, so ist es vorteilhaft und angenehm, den Schreibtisch, und wäre es auch nur ein kleiner Damenschreibtisch, im Wohnzimmer zu haben." (Moeller, S. 98 ff.)

Diese Passagen aus dem Hausfrauen-Ratgeber von etwa 1880 zeigen, dass gründerzeitliches Wohnen für alle Bevölkerungsschichten an Bedeutung gewinnt und dass es zu einer volksweiten Wohnkonformität kommt.

Die Kunstindustrie leistet hierzu den wichtigsten Beitrag. Durch industrielle Produktion kommt sie dem allgemeinen Wunsch nach Musterwohnungen entgegen und bietet durch Reduzierung der Herstellungskosten sowie preisgestufte Einrichtungsprogramme den „einfachen Leuten" die Möglichkeit, ein „Abbild der reichen Wohnung" in minderer Qualität zu erwerben.

Beispiele für ökonomisch abgewandelte Möbel des populären Gründerzeitmöbel-Stils gibt ein um 1880 von dem Frankfurter Architekten und Kunstgewerbelehrer Philipp Niederhöfer entworfenes und herausgegebenes Skizzenbuch mit Werkzeichnungen. Es trägt den Titel „Skizzenbuch des Frankfurter Möbel-Bazars" und enthält „40 Blätter mit Entwürfen praktischer, billiger und schöner Möbel für den alltäglichen Gebrauch".

Wie viele andere Vorlagenwerke dieser Zeit untermauert auch diese Publikation von Philipp Niederhöfer die Feststellung, dass besonders in den mittleren Gesellschaftsschichten ein großer Bedarf hinsichtlich dieses Einrichtungsstils besteht.

Weiterhin ist bezeichnend, dass ein Architekt und Möbelentwerfer wie Philipp Niederhöfer, der sich seinerzeit vor allem durch hoch qualifizierte Entwürfe bekannt macht, den allgemeinen Bedarf an „praktischen, billigen und schönen Möbeln" dieses Stils erkennt und seinen Beitrag zu dessen wohnkultureller Realisierung leistet.

Während Vorlagen- und Sammelwerke wie das von Friedrich Schwenke für den gehobenen Wohnstil konzipiert sind, erfolgen in den 80er- und 90er-Jahren des 19. Jahrhunderts etliche Publikationen, die dem populären Wohnstil unmittelbar verpflichtet sind. Ein Beispiel hierfür ist August Graefs Vorlagenwerk „Der Landtischler" von 1894. Der Kunsttischler und Zeichenlehrer August Graef aus Erfurt bringt, zusammen mit seinem Bruder Max Graef, einem Architekten für Innenräume, in der Zeit von 1850 bis 1910 etwa 25 Vorlagenwerke zu unterschiedlichen Aspekten des Innen- und Außenausbaus heraus.

Das Werk „Der Landtischler" ist eines der bedeutendsten für die damalige Zeit, und auch heute können daraus wichtige Erkenntnisse über die volksweite Verbreitung des Gründerzeit-Stils und dessen populäres Erscheinungsbild anhand von Möbelentwürfen gewonnen werden. Die darin enthaltenen Möbelskizzen sind durchweg im Stil der Neorenaissance entworfen. Aber, und das ist der Unterschied zu Schwenkes Vorlagenwerk, die Möbel sind wesentlich einfacher und weniger aufwändig konzipiert (siehe Abb. 22).

Graefs Ausführungen verdeutlichen den Zeitgeist in der Gründerzeit-Wohnkultur. Sie belegen die Tatsache, dass der gehobene Wohnstil in ökonomisch abgewandelter Form von allen Gesellschaftsschichten angenommen wird.

Der einfache Bürger (Durchschnittsverdiener auf dem Land und in der Stadt) und der Landmann (Bauer, Landbewohner mit Durchschnittsverdienst) streben das einfache bürgerliche Wohnen an. Veränderte Verhältnisse (politische und wirtschaftliche Situation, nationaler Gedanke, Technisierung, Industrialisierung etc.) bewirken, dass von einem „ausgesprochenen ländlichen Stil" Abstand genommen wird.

Nach ihrer Publikation „Der Landtischler" von 1894 bringen die Brüder August und Max Graef, ihres Zeichens Kunsttischler, Zeichenlehrer und Innenarchitekten in Erfurt, im Spätjahr 1899 ein weiteres Vorlagenwerk mit dem Titel „Der Dorfschreiner" heraus. Bezüglich der ökonomischen Abwandlung des Gründerzeit-Möbelstils gehen die Verfasser mit diesem Werk noch einen wesentlichen Schritt weiter. Der Untertitel des Buches „Vorlagen von Möbeln und anderen Schreinerarbeiten für die einfachsten Verhältnisse" verweist bereits auf die angesprochene gesellschaftliche Zielgruppe.

Abbildungsbeispiele dieses Vorlagenwerkes (siehe Abb. 23) zeigen, dass die Popularität des Gründerzeit-Stils bis zu den untersten Einkommensschichten verfolgbar ist und dass es dabei, aufgrund der geringen finanziellen Einsatzmöglichkeiten, zu einer weitgreifenden Reduktion der Stilmittel kommt.

Obwohl einfachste Möbel des populären Wohnstils nur noch Fragmente der eigentlichen Stilmittel aufweisen, können sie dennoch als stiltypisch gelten und zweifellos als stilzugehörig erkannt werden.

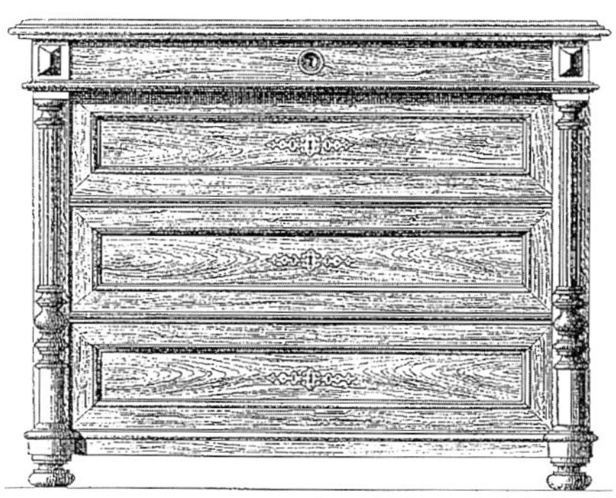

Kommode, um 1895

Stuhl, um 1895

Ausziehtisch, um 1895

22 **Vorlagenbeispiele** aus „Der Landtischler" von August Graef.

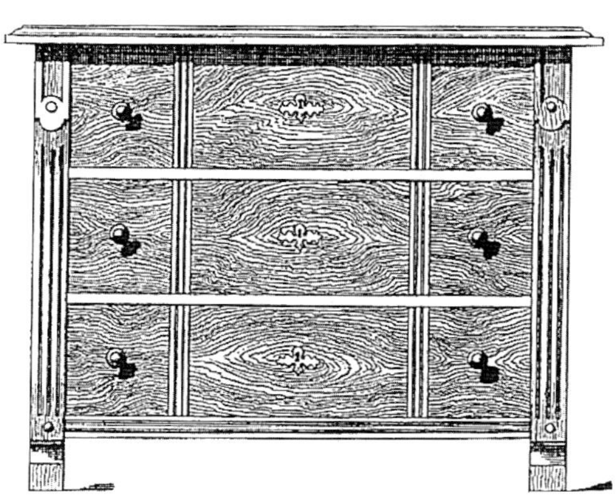

Kommode, um 1895

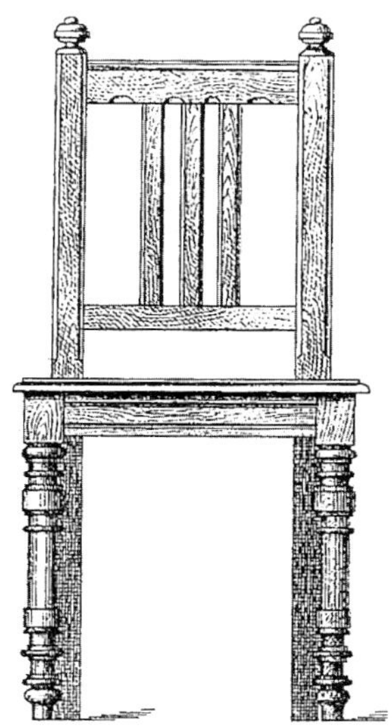

Stuhl, um 1895

Ausziehtisch, um 1895

23 **Vorlagenbeispiele** aus „Der Dorfschreiner" von August und Max Graef.

Zusammenfassung

Durch Technisierung und rationelle Fertigungsweisen begegnet die Kunstindustrie dem allgemeinen Verlangen nach bürgerlichem Wohnen, das sich an dem elitären Wohnstil orientiert. Besonders zum Jahrhundertende hin kommt es, ungeachtet des Stilpluralismus, bevölkerungsmehrheitlich zur Übernahme des Neorenaissance-Stils. Dabei kristallisieren sich hauptsächlich die Wohn- und Speisezimmer als die prädestinierten Räume für diesen Stil heraus.

Vor allem das Wohnzimmer wird zum Ort der Erfüllung der gesellschaftlichen Repräsentationspflichten. Hier werden die Charakteristika des populären Gründerzeit-Wohnstils deutlich fassbar.

Korrespondenzen zum elitären Gründerzeit-Wohnstil sind nicht zu verkennen, jedoch kennzeichnen die begrenzten Raumverhältnisse und die ökonomischen Abwandlungen der Einrichtungsgüter den populären Gründerzeit-Wohnstil. Vorwiegend durch den begrenzten Einsatz der Mittel bedingt, erscheinen die Einrichtungsgüter quantitativ und qualitativ reduziert und teilweise reproduziert.

Obwohl die Einrichtungsgüter im populären Wohnstil insgesamt ökonomische Abwandlungen der Einrichtungsgüter des gehobenen Wohnstils sind, kann trotzdem keine scharfe Trennungslinie zwischen dem elitären Gründerzeit-Wohnstil und dem populären Gründerzeit-Wohnstil gezogen werden. Die Grenzen der Wohnstile sind nicht starr und die Übergänge zum einen wie zum anderen oft fließend.

Eine generelle Trennung beider Wohnstile hinsichtlich ihrer kunsthaltigen Unterschiedlichkeit ist somit nicht möglich und soll auch nicht angestrebt werden.

24 Gründerzeitliche Interieurszene, um 1880/90.
Gemälde von Georg Papperitz. Für das ausgehende 19. Jahrhundert typisch opulente Wohnatmosphäre mit monumentaler Architektur, schweren Vorhangdraperien, Orientteppichen und Staffageelementen des elitären Wohnstils.

25 Gründerzeitliches Wohnzimmer, um 1900.
Gemälde von Marie Schwalb. Darstellung einer bürgerlichen Wohnzimmer-Einrichtung mit Sofa, Armlehnsesseln und Konsolen-Pfeilerspiegel des populären Wohnstils.

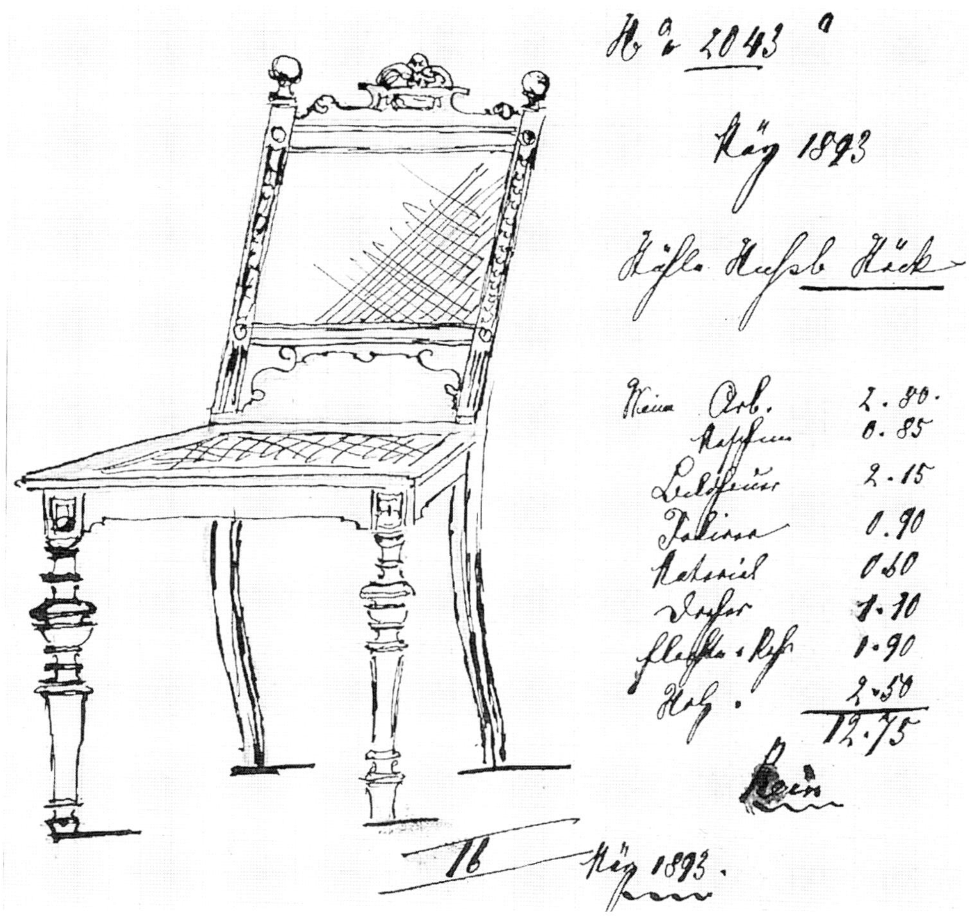

29 STUHL. Nussbaum. März 1893. Hof-Möbel-Fabrik Chr. Niederhöfer Söhne.

Arb(eitslohn)	2,80
Maschine	–,85
Bildhauer	2,15
Polierer	–,90
Material	–,60
Dreher	1,10
Flechten und Rohr	1,90
Holz	2,50
Rein	12,75

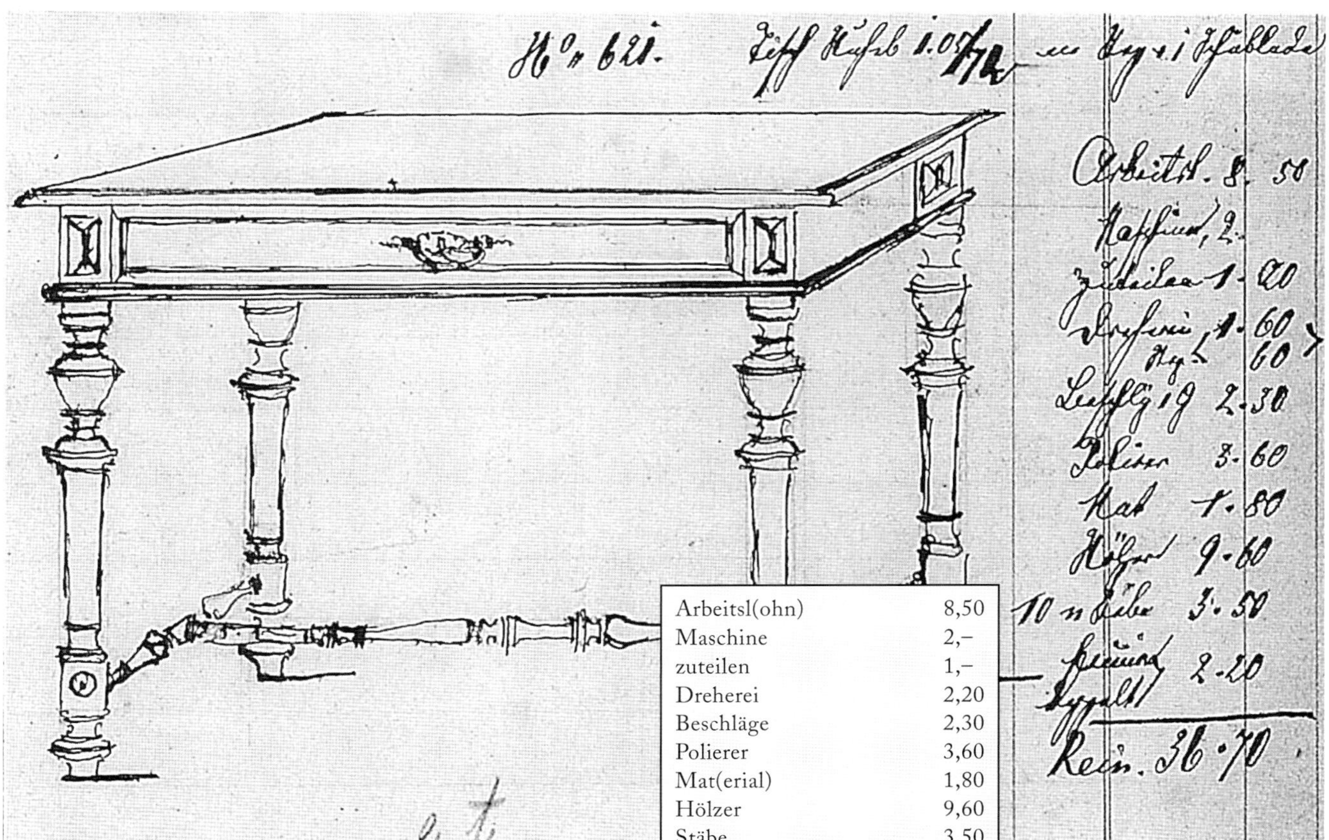

Arbeitsl(ohn)	8,50
Maschine	2,–
zuteilen	1,–
Dreherei	2,20
Beschläge	2,30
Polierer	3,60
Mat(erial)	1,80
Hölzer	9,60
Stäbe	3,50
Furnieren	2,20
Rein	36,70

30 TISCH. (wohl) Nussbaum furniert. Juli 1895. Hof-Möbel-Fabrik Chr. Niederhöfer Söhne.

Gegenstand der Berechnungsanalysen

sind 43 Beispiele von Berechnungen angefertigter Möbel der Hof-Möbel-Fabrik Chr. Niederhöfer Söhne, Edenkoben/Rheinpfalz.

Ziele der Berechnungsanalysen

Am Beispiel der Firma Niederhöfer soll belegt werden,

a) welchen Anteil der Arbeitslohn, d. h. auch welchen Anteil die schreinerische Handarbeit am Gesamtkosten-Volumen der 43 gefertigten Möbel hat,

b) welchen Anteil die Maschinenleistung, d. h. welchen Anteil der maschinenmäßige Zuschnitt usw. am Gesamtkosten-Volumen der 43 gefertigten Möbel hat,

c) welchen Anteil Holz und Furnier am Gesamtkosten-Volumen der 43 gefertigten Möbel haben,

d) welchen Anteil das Polieren am Gesamtkosten-Volumen von 39 gefertigten Möbeln hat,

e) welchen Anteil die Bildhauerarbeit am Gesamtkosten-Volumen von 37 gefertigten Möbeln hat und welchen Anteil die Bildhauerarbeit bei ausgeprägten Schnitzarbeiten am Gesamtkosten-Volumen von fünf gefertigten Möbeln hat,

f) welchen Anteil die Drechslerarbeit am Gesamtkosten-Volumen von 41 gefertigten Möbeln hat,

g) welchen Anteil metallisches Möbelzubehör (z. B. Beschläge, Griffe, Schlösser) am Gesamtkosten-Volumen von 14 gefertigten Möbeln hat.

Berechnungsanalyse zu a)
Anteil Arbeitslohn/Handarbeit:

Anzahl der Möbel	43
Gesamtkosten-Volumen in Mark	2.758,93
Anteil Arbeitslohn/Handarbeit in Mark	829,20
Anteil Arbeitslohn/Handarbeit in Prozent	30,1

Ergebnis
Vorausgesetzt, der Verfasser des Berechnungsbuches beziffert mit den angegebenen Arbeitslöhnen alle für die Möbel anfallenden Arbeitslöhne, auch die für das Furnieren, Polieren, Drechseln und die Bildhauerei, so macht der Anteil des Arbeitslohnes bzw. der Handarbeit am Gesamtkosten-Volumen von 43 Möbeln fast ein Drittel aus. Dieser Anteil von 30,1 % Arbeitslohn bzw. Handarbeit stellt, im Verhältnis zu den anderen Anteilen, einen der höchsten Prozentsätze im Gesamtkosten-Volumen von 43 gefertigten Möbeln dar.

Vorausgesetzt, der Verfasser des Berechnungsbuches beziffert mit den angegebenen Arbeitslöhnen nur die Löhne, die für die rein schreinertechnische Aufwendung zur Anfertigung der Korpusse und Gestelle anfallen, und vorausgesetzt, es würden die folgenden Kostenberechnungsangaben für Furnieren, Polieren, Drechseln und Bildhauerei nicht nur die spezifischen Produktsummen ausmachen, sondern auch darin noch Löhne enthalten, dann würde sich der Anteil des Arbeitslohnes bzw. der Handarbeit am Gesamtkosten-Volumen noch erheblich erhöhen. Würde die letztgenannte Kalkulation zugrunde liegen, könnte über den zu erhöhenden Anteil des Arbeitslohnes bzw. der Handarbeit am Gesamtkosten-Volumen nur spekuliert werden, da in diesem Fall die Berechnungsangaben keine Aufschlüsselung von Material und Arbeitsleistung ergeben. Sollte diese Kalkulationsform zutreffen, würde sich der Anteil von Arbeitslohn/Handarbeit am Gesamtkosten-Volumen auf etwa 50 % belaufen.

Am Beispiel der Hof-Möbel-Fabrik Chr. Niederhöfer Söhne kann belegt werden, dass der Arbeitslohn im Sinne von handwerklicher Aufwendung für die Fertigung von 43 Gründerzeit-Möbeln aus der Zeit von 1888 bis 1899 anteilmäßig vom Gesamtkosten-Volumen etwa ein Drittel (30,1 %) ausmacht.

Berechnungsanalyse zu b)
Anteil Maschinenleistung:

Anzahl der Möbel	43
Gesamtkosten-Volumen in Mark	2.758,93
Anteil Maschinenleistung in Mark	133,00
Anteil Maschinenleistung in Prozent	4,8

Ergebnis
Am Beispiel der Hof-Möbel-Fabrik Chr. Niederhöfer Söhne kann belegt werden, dass die Maschinenleistung für Aufschnitt und Zuschnitt der für die Fertigung von 43 Gründerzeit-Möbeln benötigten Hölzer am Gesamtkosten-Volumen nur 4,8 % ausmacht. Dieser Anteil von 4,8 % Maschinenleistung stellt, im Verhältnis zu den anderen Anteilen, fast den niedrigsten Prozentsatz im Gesamtkosten-Volumen von 43 gefertigten Möbeln dar.

Berechnungsanalyse zu c)
Anteil Holz/Furnier:

Anzahl der Möbel	43
Gesamtkosten-Volumen in Mark	2.758,93
Anteil Holz/Furnier in Mark	851,70
Anteil Holz/Furnier in Prozent	30,9

Ergebnis
Am Beispiel der Hof-Möbel-Fabrik Chr. Niederhöfer Söhne kann belegt werden, dass Hölzer und Furniere für die Fertigung von 43 Gründerzeit-Möbeln vom Gesamtkosten-Volumen etwa ein Drittel (30,9 %) ausmachen. Dieser Anteil von Holz- und Furnierkosten bildet, im Verhältnis zu den anderen Anteilen, neben dem Arbeitslohn/Handarbeitsanteil den höchsten Prozentsatz im Gesamtkosten-Volumen von 43 gefertigten Möbeln.

Berechnungsanalyse zu d)
Anteil Polieren:

Anzahl der Möbel	40
Gesamtkosten-Volumen in Mark	2.644,13
Anteil Polieren in Mark	195,25
Anteil Polieren in Prozent	7,4

Ergebnis
Am Beispiel der Hof-Möbelfabrik Chr. Niederhöfer Söhne kann belegt werden, dass das Polieren von 39 Gründerzeit-Möbeln 7,4 % des Gesamtkosten-Volumens ausmacht. Der Anteil von Poliererarbeiten stellt im Verhältnis zu anderen Anteilen einen niedrigen Prozentsatz dar.

Berechnungsanalyse zu e)
Anteil Bildhauerarbeit:

Anzahl der Möbel	37
Gesamtkosten-Volumen in Mark	2.540,92
Anteil Bildhauerarbeiten in Mark	155,78
Anteil Bildhauerarbeiten in Prozent	6,1

Ergebnis
Die Mehrheit der 37 gefertigten Möbel zeigt keinen hohen Anteil an Bildhauerarbeit, die reine künstlerische Handarbeit bedeutet. Die 37 von der Firma Niederhöfer mit Bildhauerarbeiten versehenen Möbel sind demnach ökonomisch ausgeführte Möbel, die überwiegend dem populären Gründerzeit-Möbelstil zuzurechnen sind. Hierbei wird aus Kostengründen der Anteil der Bildhauerarbeit niedrig gehalten, um einen entsprechend günstigen Endpreis der Möbel zu gewährleisten. Anders verhält es sich, wenn Möbel gezielt mit aufwändiger Bildhauerarbeit konzipiert werden. Derartige Möbel sind in dem Berechnungsbuch fünfmal vorzufinden.

Anzahl der Möbel	5
Gesamtkosten-Volumen in Mark	127,52
Anteil Bildhauerarbeit in Mark	50,32
Anteil Bildhauerarbeit in Prozent	39,5

Wie diese Teilrechnung von zwei Stühlen, zwei Armlehnstühlen und einem Postament zeigt, ist bei Möbeln, an denen Bildhauerarbeit deutlich hervortritt, der prozentuale Kostenanteil der Schnitzwerke am Gesamtkosten-Volumen eminent höher und macht im Einzelfall mehr als die Hälfte, im Durchschnitt mehr als ein Drittel aller Kosten für das betreffende Möbel aus. Am Beispiel „Armlehnstuhl mit geschnitzten Maskaronen“ wird deutlich, dass allein für den Bildhauerkostenanteil von 16,50 Mark zwei komplette, einfache Stühle angefertigt bzw. erworben werden können.

Ergebnis
Am Beispiel der Hof-Möbel-Fabrik Chr. Niederhöfer Söhne kann belegt werden, dass die Bildhauerarbeit an 37 Gründerzeit-Möbeln einen Anteil von 6,1 % am Gesamtkosten-Volumen hat. Kommen Bildhauerarbeiten gezielter zum Einsatz, erhöht sich dieser Kostenfaktor (gerechnet bei fünf entsprechenden Möbeln) auf 39,5 % des Gesamtkosten-Volumens.

Berechnungsanalyse zu f)
Anteil Drechslerarbeiten:

Anzahl der Möbel	41
Gesamtkosten-Volumen in Mark	2.524,33
Anteil Drechslerarbeiten in Mark	96,81
Anteil Drechslerarbeiten in Prozent	3,8

Ergebnis
Am Beispiel der Hof-Möbel-Fabrik Chr. Niederhöfer Söhne kann belegt werden, dass Drechslerarbeiten (gedrechselte Möbelteile, z. B. Baluster, gedrechselte Beine, gedrechselte Füße, Zierknäufe u. Ä.) für die Gestaltung von 41 Gründerzeit-Möbeln mit einem Anteil von 3,8 % am Gesamtkosten-Volumen den geringsten Kostenfaktor ausmachen.

Daran gemessen, dass besonders gedrechselte Teile die mitunter auffälligsten Merkmale von Gründerzeit-Möbeln sind, ist deren Kostenintensität äußerst gering. Daraus wäre zu folgern, dass Drechselteile, die Gründerzeit-Möbel als solche deutlich mit ausweisen, die billigsten Möbelteile darstellen. Dieser Sachverhalt gewinnt an Bedeutung, wenn es um die Herstellung von einfachen, möglichst kostengünstigen Gründerzeit-Möbeln geht.

Berechnungsanalyse zu g)
Anteil metallisches Möbelzubehör:

Anzahl der Möbel	14
Gesamtkosten-Volumen in Mark	1.880,45
Anteil metallisches Möbelzubehör in Mark	102,50
Anteil metallisches Möbelzubehör in Prozent	5,5

Ergebnis
Aus den insgesamt 43 angeführten Kalkulationsbeispielen der Firma Niederhöfer wurden 14 Beispiele gesondert berechnet. Diese 14 Möbel sind allesamt Behältnismöbel, die über Türen und/oder Schubladen verfügen. Bei der funktionalen Gestaltung von Türen und Schubladen kommt es zum Einsatz von Schlössern, Schlüsseln, Innenriegeln, Beschlägen (z. B. als Schlüsselschilder), Griffen und Ziehknöpfen. Dieses metallische Möbelzubehör, das größenmäßig im Verhältnis zu anderen Möbelteilen oder Gestaltungsformen nur geringste Ausmaße annimmt und im Grunde wesentlich unauffälliger ist als z. B. gedrechselte Teile oder Bildhauerarbeiten, stellt im Gesamtkosten-Volumen von 14 Behältnismöbeln einen relativ hohen Kostenfaktor dar.

An etlichen Beispielen kann aufgezeigt werden, dass der Einsatz von Schlössern und Beschlägen mehr Kosten verursacht als das Furnieren oder als das Polieren des jeweiligen Möbels.

Zusammenfassung

Aus den Berechnungen der Selbstkosten für das Erstellen von Gründerzeit-Möbeln kann also am Beispiel der Hof-Möbel-Fabrik Chr. Niederhöfer Söhne folgende grundsätzliche Erkenntnis gewonnen werden:

Die Arbeitsleistung (besonders die Schreinerarbeit) und das Material (besonders das Holz und die Furniere) ergeben zusammen den mit Abstand größten Kostenfaktor für das Erstellen von Gründerzeit-Möbeln. Demnach verhält es sich bezüglich der Anfertigung von Gründerzeit-Möbeln so wie in vorangegangenen Epochen, wo Möbelprodukte das Resultat von vorwiegend Handwerk und Holz darstellen.

Wenn auch in der Gründerzeit das Handwerk durch technische und maschinelle Hilfen ergänzt bzw. erleichtert wird und dadurch seinen ursprünglichen Charakter verliert, bleibt es dennoch, in Verbindung mit dem Material Holz, das entscheidende Moment im Schreinergewerbe, welches nicht durch industrielle Maßnahmen zu ersetzen ist. Handwerk und Holz sind auch in der Gründerzeit die ausschlaggebenden Faktoren für die Herstellung von Möbeln.

31a Büffet. Nussbaum furniert. Hersteller: Möbel-Fabrik Chr. Niederhöfer Söhne, Edenkoben/Pfalz, um 1880/90.

UNTER DEM PROTEKTORATE SEINER MAJESTÄT DES

KÖNIGS LUDWIG II.

BAYERISCHE LANDES-INDUSTRIE-GEWERBE- UND KUNST-AUSSTELLUNG IN

NÜRNBERG

1882.

In Gemäßheit der von Seiner Majestät dem Könige allergnädigst genehmigten Bestimmungen über die Preisevertheilung bei der Bayerischen Landes-Industrie-Gewerbe- und Kunst-Ausstellung in Nürnberg wird hiemit auf Grund des Urtheils des Preisgerichts

der Möbelfabrik von Christian Niederhöfer's Söhne in Edenkoben

für einen schönen Schreibtisch sammt Aufsatz mit farbigen Einlagen

die grosse bronzene Medaille

zuerkannt.

München, den 25. August 1882.

Königliches Staatsministerium des Innern, Abtheilung für Landwirthschaft, Gewerbe und Handel.

31b Auszeichnung für die Möbelfabrik Chr. Niederhöfer Söhne anlässlich der Bayerischen Landes-Industrie-Gewerbe- und Kunst-Ausstellung in Nürnberg 1882.

32 Hoher Besuch in der Hof-Möbel-Fabrik Chr. Niederhöfer Söhne.

König Ludwig III. von Bayern besucht am 10. Mai 1914 die Hof-Möbel-Fabrik. Am 5. März 1892 verleiht Kgl. Hoheit Prinz Luitpold v. Bayern der Firma Christian Niederhöfer Söhne die Befugnis zur Führung des Kgl. Bayer. Wappens und zugleich den Titel des Kgl. Hoflieferanten.

Historische Preisbewertung

Anhand von Betriebsunterlagen der Hof-Möbel-Fabrik Chr. Niederhöfer Söhne (Edenkoben/Pfalz) kann belegt werden, zu welchen Preisen Gründerzeit-Möbel angefertigt werden konnten. Setzt man nun diese Selbstkostenpreise (ohne Gewinnaufschlag) in Relation zu dem Durchschnittseinkommen von 1880/90, so gewinnt man dadurch interessante Erkenntnisse bezüglich der Käuferschichten für mehr oder minder qualitätsvolle Möbel in dieser Zeit. Darüber hinaus kann auch aufgrund der historischen Preisbewertung aufgezeigt werden, dass es sich um meist hochwertige, qualitätsvoll verarbeitete Möbel handelte.

Die Grundlage für eine Berechnung des Durchschnittseinkommens von 1880/90 stellt ein 1883 verfasster und 1887 im angesehenen halbamtlichen „Jahrbuch für Gesetzgebung, Verwaltung und Volkswirtschaft“ publizierter Bericht dar (vgl. Mehner, 1887, S. 301– 334). Dieser Bericht behandelt den Haushalt und die Lebenshaltung einer Leipziger Arbeiterfamilie, die im Jahr 1883 aus den Ehegatten, einem elfjährigen Mädchen und zwei Jungen von acht und vier Jahren bestand (vgl. Hentschel, 1980, S. 128).

„Der Mann und die Frau arbeiteten in einer Kunstdüngerfabrik. Er verdiente für 12 Stunden Arbeitszeit am Tag 2,20 Mark, sie 1,20 Mark für elf Stunden. Die Kinder trugen weniges durch Zufallsarbeiten bei.

Zuweilen passierte es, dass der Mann wegen schlechten Geschäftsgangs nur vier oder fünf Tage in der Woche arbeiten konnte. Die unfreiwilligen Feiertage wurden natürlich nicht bezahlt. Deshalb war er recht dankbar, wenn er bei anderer Gelegenheit Überstunden, Nacht- oder Sonntagsarbeiten zugewiesen bekam und auf diesem Wege doch noch auf rund 300 vollentlohnte Arbeitstage und ein Jahreseinkommen von ca. 660 Mark kam …

Da in unserer Familie die Frau regelmäßig zuverdiente, kamen denn auch alles in allem im Jahr etwa 1.100 Mark zusammen, 21 bis 22 Mark in der Woche …

Die Familie rechnete sich denn auch zu den bessergestellten der Fabrik. Gleichwohl reichte der gemeinsame Lohn nur bei größter Entbehrung aus, sie durchzubringen. Gelegentlich musste dies oder das versetzt werden. Das Haushaltsbudget dieser Familie sah für den Zeitraum eines Jahres folgendermaßen aus:

Nahrungsmittel 666,64 Mark, Heizung und Beleuchtung 119,60 Mark, Reinigungsmittel 21,84 Mark, Kleidung Mann 60,05 Mark, Kleidung Frau 33,60 Mark, Kleidung Kinder 39,02 Mark, Flickzeug 18,33 Mark, Wohnung 72,00 Mark, Kinderaufsicht 52,00 Mark, Steuern und Schulgeld 15,80 Mark. **Ergibt 1.098,88 Mark im Jahr.**

Die Kleider wurden durchweg alt, häufig beim Trödler gekauft. Für die Anschaffung von Hausrat blieb nichts übrig. Die Möbel waren bereits bei Gründung des Hausstandes gebraucht und abgenutzt gewesen.

Für die 72 Mark Jahresmiete verfügten die fünf Menschen über 18 m² Wohnraum im Hinterhaus: über ein Wohnzimmer, das zugleich Küche und Waschraum vorstellte, von 3,4 x 2,9 m, über eine Kammer, in der alle zusammen in zwei Betten schliefen, von 2 x 1,9 m, und über einen Vorraum von 1,35 x 1,35 m …

Als unerlässliche Grundlage ihrer Ernährung verbrauchte die Familie pro Woche je einen drittel Zentner Schwarzbrot und Kartoffeln, zwei Pfund Butter – die so verfälscht war, dass ihr widriger Geschmack vor allzu herzhaftem Zugreifen bewahrte – ein Viertelpfund Kaffee und ein Pfund Gerste für das tägliche Gebräu. Dafür gingen 56 % der Ausgaben für Nahrungsmittel – ein Drittel des Haushaltseinkommens – drauf …“ (zit. nach Hentschel, 1980, S. 128 – 132).

„Die Leute befanden sich damit nicht etwa ganz am Ende der Einkommenspyramide: 1904 noch – für frühere Jahre sind keine Haushaltseinkommensschichtungen verfügbar – lebte mehr als ein Drittel aller sächsischen Haushalte, ganz gleich ob nur der Haushaltsvorstand verdiente oder ob andere Familienmitglieder Zusatzeinkommen beisteuerten, von weniger als 950 Mark im Jahr, ein weiteres Fünftel von 950 – 1.200 Mark. Die Arbeiterhaushalte waren unter ihnen besonders stark vertreten. Inzwischen aber waren die Einkommen merklich gestiegen. 1883 also dürfte über die Hälfte aller sächsischen Haushalte – und Sachsen gehörte zu den deutschen Gebieten mit dem höchsten Wohlstandsniveau – nicht mehr Einkommen bezogen haben als die Familie unseres Berichts. Mehr als ein Drittel hatte mit Sicherheit weniger.“ (Hentschel, 1980, S. 129)

Schätzt man demnach das Durchschnittseinkommen in den 80er- und 90er-Jahren des 19. Jahrhunderts auf maximal 1.000 bis 1.300 Mark im Jahr ein, bleibt dem Durchschnittsverdiener kaum die Möglichkeit, sich mit qualitätsvollen Möbeln der Gründerzeit einzurichten.

Nach einem erhalten gebliebenen Werbeprospekt

des Möbelfabrikanten und Dekorateurs Ed. Wellhausen aus Hannover kostet beispielsweise ein lackierter nussbaumimitierter Weichholz-Wäscheschrank 52 Mark, ein polierter nussbaumfurnierter Wäscheschrank hingegen 210 Mark. Auch innerhalb der gleichen Holzart gibt es erhebliche Preisdifferenzen, die auf die jeweilige schreinertechnische Aufwändigkeit und den Materialeinsatz zurückzuführen sind. Beispielsweise bekommt man sechs „nußbaum polirte Rohrstühle“ (= Sitzfläche aus Rohrgeflecht) für 36 Mark, aber 240 Mark sind für sechs „nußbaum feine Lederstühle“ (= Sitzfläche mit geprägter Lederauflage) zu bezahlen.

Ein nussbaumfurniertes und poliertes Vertiko, wie es die Hof-Möbel-Fabrik Chr. Niederhöfer Söhne 1888 zum Selbstkostenpreis von 150 Mark herstellt, oder ein eichefurniertes und poliertes Büffet für 270 Mark kann dem Durchschnittsverdiener dieser Zeit in der Regel nicht erschwinglich werden.

Wenn es unter dem Aspekt der vorangestellten Einkommens-/Kostenrechnungen überhaupt zu Einsparungen kommen kann, dann befähigen solche Ersparnisse bestenfalls dazu, ökonomisch erstellte und somit billige, lebensnotwendige Gebrauchsmöbel zu erwerben. Beispiele hierfür wären einfache Stühle für 7,40 Mark oder einfache Tische für 36,70 Mark. Auf ein dekoratives und aufwändig konzipiertes Etagèrentischchen für 43 Mark, ein zierliches Wandschränkchen für 32,20 Mark oder ein geschnitztes Postament für 34,80 Mark musste der auf Sparsamkeit bedachte Durchschnittsverdiener von 1880/90 wohl verzichten. Dies wird um so deutlicher, wenn man die 72 Mark Jahresmiete gegenüberstellt.

Derartige Rechnungen und Gegenrechnungen untermauern die Feststellung, dass es auch in der Gründerzeit eines überdurchschnittlichen Einkommens bedurfte, um sich mit schreinerisch aufwändigem und dekorativem Mobiliar einzurichten. Wie in vorangegangenen Epochen sind auch in der Gründerzeit der gehobene Mittelstand, das Großbürgertum und der Adel die Gesellschaftsschichten, welche die Klientel für kunsthandwerkliche Produkte ihrer Zeit darstellen.

Die seit Jahrhunderten verfolgbare und unverkennbare Korrelation von Kunst und Kapital behält trotz des Eingriffs der Technik in das kunstgewerbliche Schaffen ihre Gültigkeit bis in das 20. Jahrhundert und darüber hinaus.

33 Qualitätsvoller Schrank, um 1880. Nussbaum massiv.
Heutiger Preis: 5.000 € / 6.000 €
Etwaiger Preis in der Gründerzeit: 300 Mark

34 Einfacher Schrank, um 1890. Weichholz.
Heutiger Preis: 800 € / 1.000 €
Etwaiger Preis in der Gründerzeit: 50 Mark

Edelhölzer und Furniere

Grundlage dieses Unterkapitels sowie der weiteren ist die um 1890 erschienene Fachliteratur „Das Schreinerbuch – Die Möbelschreinerei" der Karlsruher Architekten und Professoren Theodor Krauth und Franz Sales Meyer.

Das Schreinerbuch von Krauth und Meyer war seinerzeit schon eines der von Möbel herstellenden Betrieben meist beachteten Werke, da es aufgrund seines umfassenden Inhalts, seiner Anschaulichkeit und seiner zeitgenössischen Relevanz ein regelrechtes Kompendium für Fachleute und Verbraucher darstellte.

Zum Thema „Edelhölzer" führt das Schreinerhandbuch von Krauth und Meyer Folgendes aus:

„Die meist verwendeten Hölzer der Bauschreinerei sind auch die meist verwendeten der Möbelschreinerei. Es sind dies die allgemein bekannten einheimischen Nutzhölzer: Tanne, Fichte, Kiefer, Eiche und Nußbaum. Doch ist die Verwendung auf beiden Gebieten eine ungleiche.

Das Tannen-, Fichten- und Kiefernholz, in der Bauschreinerei am häufigsten verwendet, wird andererseits nur für die einfachsten und billigsten Möbel benutzt, weil für bessere Erzeugnisse dieser Art Nußholz und Eichen bevorzugt sind. In der Bauschreinerei wird das Eichenholz dem Nußholz unbedingt und begründeterweise vorgezogen, wogegen in der Möbelschreinerei beide Holzarten ungefähr in gleichem Maße verwendet werden.

Während die Bauschreinerei die Hölzer der Hauptsache nach nur massiv in Anwendung bringt, so ist für bessere Möbel durchschnittlich das Furnieren im Gebrauch …" (Krauth/Meyer, 1901, S. 1 f.).

Das Furnieren von Möbeln, das schon mehrere Jahrhunderte eine Alternative zur massiven Verarbeitung des Holzes darstellt und im Biedermeier zu einem Stilhauptmerkmal wird, behält auch in der Gründerzeit seine Vorrangstellung bei, allerdings, wie bereits ausgeführt, unter völlig anderen Bedingungen. Am Ende des 19. Jahrhunderts, als der mühselige und auch kostenintensive Handschnitt für die Herstellung von Furnieren kein Thema mehr ist und maschinengefertigte, gemesserte Furniere zum alltäglichen Schreinerrepertoire gehören, kommt dem Furnieren von Möbeln eine besondere Bedeutung zu. Vor allem die so genannten „reicheren und besseren" Möbel kennzeichnen sich, neben ihrem aufwändigeren Dekor, meist durch eine furnierte Oberflächengestaltung. Vorwiegend sind dies nussbaumfurnierte Möbel, während das in der Gründerzeit fast ebenso beliebte Eichenholz häufiger massiv verarbeitet wird. Im Gegensatz zum Biedermeier spielt in der Gründerzeit das Kirschbaumholz, ob massiv oder furniert verarbeitet, nur eine Außenseiterrolle. Überhaupt treten helle Hölzer wie Kirschbaum, Esche oder Birke in der Gründerzeit völlig zurück. Es gilt, wie eingangs von den geistigen Vorreitern und Wohnratgebern dieses Stils gefordert, im Wesentlichen Hölzer zu wählen, die eine „bräunliche" Grundfarbe enthalten. Auf die einheimischen Hölzer bezogen, sind dafür eben Nussbaumholz und Eichenholz prädestiniert. Während es beispielsweise im Biedermeier noch ein klares Nord-Süd-Gefälle in der Beliebtheit der verwendeten Hölzer gibt (im Norden eher Mahagoni und Birke; im Süden eher Kirschbaum und Nussbaum), kommt es in der Gründerzeit zu einer fast allgemeinverbindlichen Ausrichtung auf Nussbaum und Eiche.

„Massive Möbel aus besserem Holz sind zum Unterschied gegen früher eine verhältnismäßig seltene Erscheinung, und im allgemeinen findet das massive Holz nur noch da seine Verwendung, wo man nach Lage der Sache nicht furnieren kann, also in Bezug auf geschnitzte Teile, Möbelfüße, Stühle etc., während Tischplatten, glatte Kastenteile, Füllungen etc. fast ausschließlich furniert werden. Die Überkleidung des minderwertigen Blindholzes mit den Furnieren des besseren Holzes hat verschiedene Gründe. Der nächstliegende ist derjenige der billigeren Herstellung, da das Blindholz nicht nur wohlfeiler ist, sondern auch leichter bearbeitet werden kann. Ferner kann bei Benützung der Furniere in Beziehung auf schön gezeichnete und gemaserte Hölzer viel leichter eine hübsche Wirkung erzielt werden, als dies mit der massiven Arbeit möglich wäre, da gerade die gemaserten Hölzer öfters im Sinne der Konstruktion und Festigkeit als unzulänglich erscheinen müssten. Außerdem werden furnierte Möbel leichter im Gewicht als die massiv gefertigten, und nicht der letzte Grund ist die größere Sicherheit gegen das Reißen und Werfen. Bei der Wahl eines geeigneten und richtig behandelten Blindholzes lassen sich diese üblen Eigenschaften des Holzes auf ein Mindestmaß verringern." (Krauth/Meyer, 1901, S. 16 f.)

35 **Kommode.** Nussbaum furniert. Mit schön gemasertem, spiegelbildlich gesetztem und gefriestem Furnier, um 1880/90.
1.000 € / 1.200 €

36 **Herrenschreibtisch.** Nussbaum furniert. Mit schön gemasertem, spiegelbildlich gesetztem und gefriestem Furnier, um 1880/90.
1.400 € / 1.800 €

Weichhölzer und Edelholzimitate

Kamen mangels finanzieller Mittel edelholzfurnierte und aufpolierte Möbel für eine Anschaffung nicht infrage, so war das bereits erwähnte Imitieren von Edelhölzern eine preisgünstige Alternative. Zunächst wurden solche ökonomischer gestalteten Möbel aus minderwertigen Hölzern wie Tanne oder Fichte konstruiert. Danach wurde statt des Furniers ein Anstrich auf die Oberfläche aufgebracht, welcher in seiner Grundfarbe meistens der des Nussbaumholzes oder des Eichenholzes entsprach. Mit Kämmen aus Leder, Holz oder Horn, mit geteilten Flachpinseln und teilweise sogar mit den Fingern wurden in die aufgetragene Lasur edelholzähnliche Strukturen eingezogen, welche die Maserung dieser Hölzer nachahmen sollten.

Ein Beispiel gibt das Vertiko von Abbildung 37, bei dem ein recht guter Holzmaler am Werk war. Es erscheint bei erster Betrachtung als ein nussbaumfurniertes Möbel mit wurzelholzfurnierten Füllungen und furnierten, spiegelbildlich gesetzten Türrahmen.

Doch dem ist nicht so. Dieses Gründerzeitvertiko ist aus Weichholz gearbeitet und trägt auf seiner Oberfläche eine so genannte nussbaumimitierende Bierlasur. Das Möbel stellt ein exemplarisches Beispiel für all jene Möbel dar, die seinerzeit die „Nussbaum- und Eichenmöbel“ der ärmeren Leute waren.

37 Aufsatzvertiko. Weichholz mit originaler Bierlackbemalung, um 1880/90.
Derart kunstvoll gestaltete und zugleich gut erhaltene Möbel besitzen einen hohen Seltenheitswert und sollten nicht abgelaugt werden.

38 Unrestauriertes Aufsatzvertiko. Weichholz mit künstlerisch unschöner, verwitterter Bierlackbemalung sowie sonstigen Fehlstellen und Altersschäden. Da dieses Möbel schlecht erhalten ist und zudem keine aufwändige Imitationsfassung besitzt, würde sich eine kunsthistorisch gerechte Restaurierung weder ideell noch materiell lohnen, zumal die entstehenden Kosten den eigentlichen Wert des Möbeln weit übersteigen. Deshalb kommt, wie in vielen anderen Fällen, nur das Ablaugen oder Abbeizen infrage.

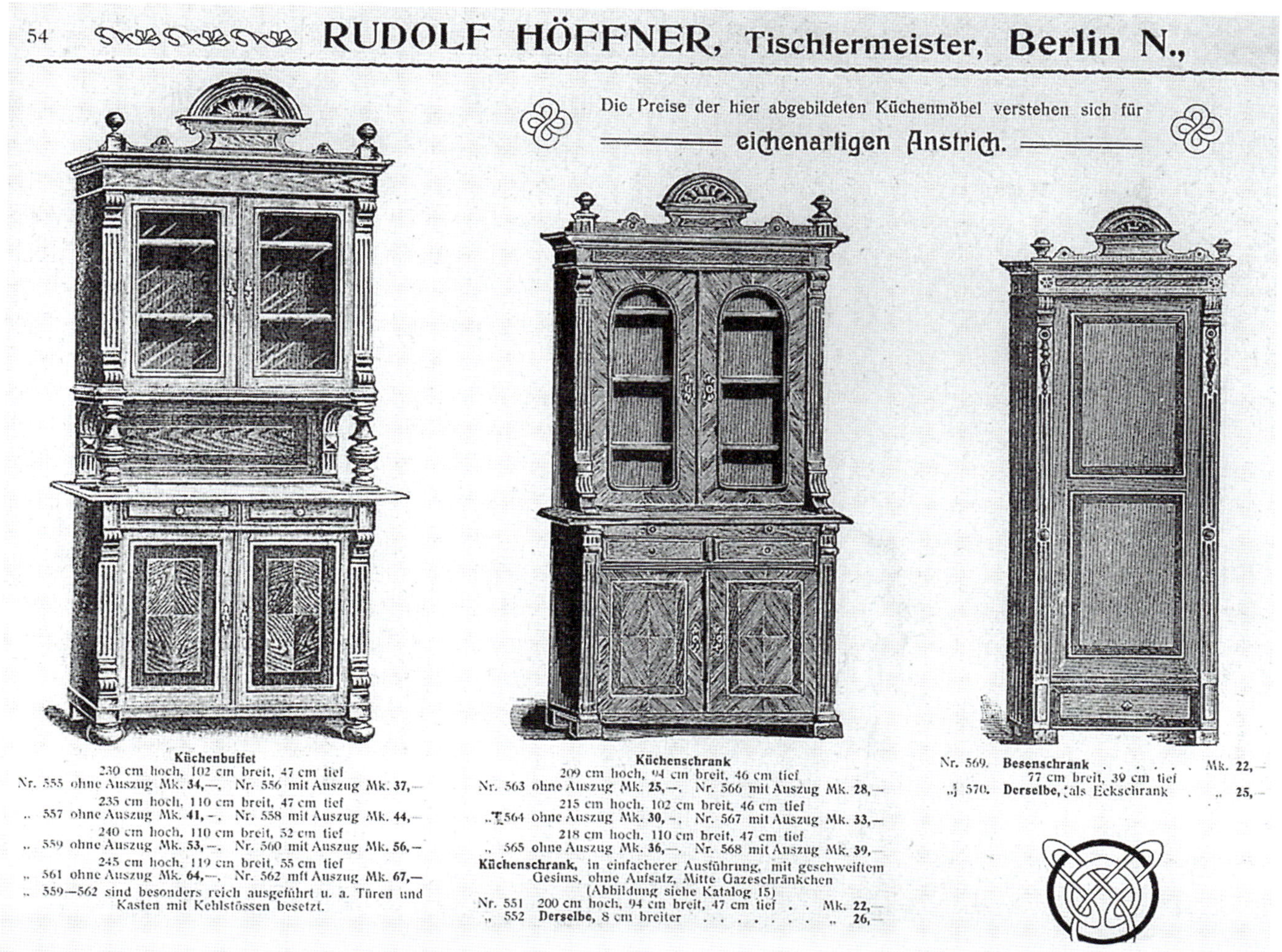

54 RUDOLF HÖFFNER, Tischlermeister, Berlin N.,

Die Preise der hier abgebildeten Küchenmöbel verstehen sich für eichenartigen Anstrich.

Küchenbuffet

230 cm hoch, 102 cm breit, 47 cm tief
Nr. 555 ohne Auszug Mk. 34,–, Nr. 556 mit Auszug Mk. 37,–
235 cm hoch, 110 cm breit, 47 cm tief
„ 557 ohne Auszug Mk. 41,–, Nr. 558 mit Auszug Mk. 44,–
240 cm hoch, 110 cm breit, 52 cm tief
„ 559 ohne Auszug Mk. 53,–, Nr. 560 mit Auszug Mk. 56,–
245 cm hoch, 119 cm breit, 55 cm tief
„ 561 ohne Auszug Mk. 64,–, Nr. 562 mit Auszug Mk. 67,–
„ 559–562 sind besonders reich ausgeführt u. a. Türen und Kasten mit Kehlstössen besetzt.

Küchenschrank

209 cm hoch, 94 cm breit, 46 cm tief
Nr. 563 ohne Auszug Mk. 25,–, Nr. 566 mit Auszug Mk. 28,–
215 cm hoch, 102 cm breit, 46 cm tief
„ 564 ohne Auszug Mk. 30,–, Nr. 567 mit Auszug Mk. 33,–
218 cm hoch, 110 cm breit, 47 cm tief
„ 565 ohne Auszug Mk. 36,–, Nr. 568 mit Auszug Mk. 39,–
Küchenschrank, in einfacherer Ausführung, mit geschweiftem Gesims, ohne Aufsatz, Mitte Gazeschränkchen (Abbildung siehe Katalog 15)
Nr. 551 200 cm hoch, 94 cm breit, 47 cm tief . . Mk. 22,–
„ 552 **Derselbe,** 8 cm breiter . . . . „ 26,–

Nr. 569. **Besenschrank** . . . . . . Mk. 22,–
77 cm breit, 39 cm tief
„ 570. **Derselbe,** als Eckschrank . . „ 25,–

39 Prospekt der Möbelfirma Rudolf Höffner, Berlin, um 1895/1900. Bei den angebotenen Küchenmöbeln handelt es sich um Weichholz-Möbel, die laut Prospekttext mit einem „eichenartigen Anstrich" versehen sind. Die Preisunterschiede von derartigen Möbeln zu Nussbaum- oder Eichenmöbeln waren auch in der Gründerzeit äußerst hoch und verdeutlichen die ökonomische Abwandlung im populären Gründerzeit-Möbelstil (vgl. Abb. 21).

40 Aufsatzvitrine. Weichholz. Abgelaugt oder abgebeizt, geschliffen, grundiert und gewachst oder lasiert, um 1880/90. 1.200 € / 1.500 €

41 Schrank. Weichholz. Abgelaugt oder abgebeizt, geschliffen, grundiert und gewachst oder lasiert, um 1880/90. 700 € / 900 €

Die Kunsthistoriker sprechen sich eindeutig für den Erhalt der originalen Oberfläche aus und bewerten das Ablaugen als „Kulturfrevel“, da Originalität zerstört und das Möbel seiner typischen Eigenart beraubt wird. Aus der Sicht der Kunsthistoriker sind abgelaugte Weichholzmöbel keine Antiquitäten mehr, da sie eben ihr mitunter wichtigstes Merkmal, ihre antike Oberflächenlasur, nicht mehr besitzen.

In den (vielen) Fällen, wo Sammler den Möbelstil der Gründerzeit bevorzugen, kommt es so – dem persönlichen Geschmack und den finanziellen Mitteln entsprechend – zur Bildung von zwei Interessengruppen: Die einen konzentrieren sich auf die edelholzgefertigten Möbel der Gründerzeit und schlagen somit die schon seinerzeit noblere, feinere Richtung ein; die anderen ziehen den rustikalen, naturholzbelassenen Einrichtungsstil vor, den es allerdings so niemals in der Kunstgeschichte gab.

Der Käufer sollte daher bewusst eine Entscheidung treffen, die nicht grundsätzlich einem naturholzbelassenen Einrichtungsstil Präferenz einräumt, sondern dem jeweiligen Einzelstück Rechnung trägt. Dabei sollten Aspekte wie der Erhaltungszustand der Möbeloberfläche, deren Restaurationsmöglichkeiten und -kosten, aber durchaus auch ästhetisch-geschmackliche Gesichtspunkte überdacht und abgewägt werden. Ein solcherart aufgeklärtes, tolerantes Käuferverhalten könnte auch dazu beitragen, dass Händler nicht mehr – wie bisher fast generell – gezwungen sind, Gründerzeit-Möbel dieser damals wie heute preisgünstigen Kategorie bereits im derzeitigen Zeitgeschmack zu präsentieren, d. h. diese Möbel durchweg abzulaugen, bevor vielleicht der eine oder andere nachdenklich gewordene Sammler die originale Fassung bevorzugen würde.

Grundsätzlich ist allerdings zu unterscheiden, ob es sich bei den für das Ablaugen bestimmten Weichholzmöbeln um regelrecht seriengefertigte Massenproduktionen der vorletzten Jahrhundertwende handelt oder ob es tatsächlich um seltene handwerklich und kunststilistisch hoch stehende Einzelstücke geht. Letztere sollten auf keinen Fall abgelaugt, sondern in ihrer originalen Eigenart restauriert oder konserviert werden.

Entscheidend ist natürlich, wie sich die Oberfläche des Möbels darstellt. Ist nämlich die originale edelholzimitierende Lasur mit einer oder mehreren Schichten Ölfarbe überstrichen, was sehr häufig zutrifft, führt in der Regel kein Weg am Ablaugen oder Abbeizen des Möbels vorbei, da die Restaurierungskosten einer schonenden und von Hand betriebenen schichtenweisen Freilegung der Originallasur meistens in keinem Verhältnis zum eigentlichen Wert des Möbels stehen.

42 **Kommode.** Weichholz. Abgelaugt oder abgebeizt, geschliffen, grundiert und gewachst oder lasiert, um 1890/1900. 650 € / 850 €

KATALOG

Marktsituation und Preisentwicklung

Auf praktischer Ebene stellen der Handel mit Gründerzeit-Möbeln und der Erwerb von Gründerzeit-Möbeln einen untrüglichen Spiegel der gegenwärtigen Situation dar. Ohne dabei dieses Angebot- und Nachfrageverhältnis überzubewerten, kann und darf es wegen seines mittlerweile dominanten Wesens nicht ausgeklammert werden. Im Gegenteil, die Marktsituation der letzten Jahre ging einher mit den gemeinsamen Bemühungen um die Gründerzeit auf theoretischer Ebene.

„Man kann das Interesse … zwar in seinem Beginn festlegen, aber über die Ursachen derzeit wohl nur spekulieren. Bis zum Beginn der 1960er-Jahre herrschte die allgemeine Ansicht von der Kunstlosigkeit jener Gegenstände vor, die sich seither bis heute ständig gestiegener Aufmerksamkeit erfreuen. Es handelt sich hier um eine allgemeine Kulturerscheinung, zu der die Bewertung durch die wissenschaftliche Forschung gehört, die aber, ähnlich einem Seismograph, auch der internationale Kunsthandel deutlich registriert." (Klingenburg, 1985, S.24)

Man bedenke, dass die eingangs zitierten negativen Einschätzungen zur Gründerzeit nicht nur Auswirkungen auf Kunst- und Kulturinstitute hatten, sondern dass auch letztlich solche Möbel beim gehobenen Kunst- und Antiquitätenhandel nach der Mitte des 20. Jahrhunderts in „Acht und Bann" fielen (vgl. Ottenjann, 1990, S. 6). „Eine ebenso festgefügte, tiefe Abneigung gegen diese historisierenden, stilüberladenen Möbel und Möbelensembles aus der zweiten Hälfte des 19. und des frühen 20. Jahrhunderts entwickelten zur gleichen Zeit wie die Kunsthistoriker und die Antiquitätenhändler auch die Historiker und Volkskundler; sie alle konservierten die fast einhellige ›Lehrmeinung‹ der künstlerischen, kunstgewerblichen und letztlich historischen Geringschätzung des Historismusmöbels bis in die 70er-Jahre unseres Jahrhunderts. Erst danach folgte, langsam genug, die Kehrtwende zu einer wertfreieren, historisch orientierten Beurteilung …" (Ottenjann, 1990, S. 6)

Genau wie den Kunsthistorikern, Philosophen und Museumsmitarbeitern Dank für deren Beiträge hinsichtlich eines theoretischen Erneuerungsprozesses gezollt werden muss, so ist es hier am Platze allen den Händlern und Auktionatoren zu danken, die trotz einer weit verbreiteten Beschämung des Historismus und der Gründerzeit Pionierarbeit geleistet haben. Diese Unternehmungen konnten allerdings nur deshalb in einer ungeahnten Intensität vollzogen werden, weil auch vonseiten des Publikums entsprechend große Nachfrage und gesteigertes Kaufinteresse aufkamen. Von vielen anderen Händlerkollegen zunächst (und vielleicht auch heute noch) belächelt, bildete sich seit den 70er-Jahren des 20. Jahrhunderts ein Markt für Gründerzeit-Möbel heraus, der, gemessen an sonstigen Stilepochen, fast unbeachtet Rekordumsätze zu verzeichnen hatte. Dies argumentativ damit abtun zu wollen, dass ein solcher „Gründerzeit-Boom" nur zustande kommt, weil diese Möbel günstiger sind als Möbel früherer Stile, träfe den Kern der Sache nur unzureichend.

Die Preisentwicklung bei Gründerzeit-Möbeln zeigt entsprechend dem ständig zunehmenden Kaufinteresse eine steigende Tendenz in den letzten 35 Jahren. Während vor drei Jahrzehnten Gründerzeit-Möbel preislich äußerst unterbewertet waren und man Möbel dieser Epoche zu Schleuderpreisen erwerben konnte, liegen sie daran gemessen heute in recht hohen Preisregionen. Ein kleiner, zweitüriger Gründerzeit-Schrank, sei er aus Hartholz oder Weichholz, ist mittlerweile in gutem und wohnfertig restauriertem Zustand kaum mehr unter 1.000 € zu haben. Vor Jahren lagen solche Möbel noch weit unter der Hälfte des derzeitigen Kaufpreises. Was solche „standardisierte" Gründerzeit-Möbel anbelangt, also Möbel, die aufgrund ihrer ökonomischen und serienmäßigen Herstellung schon in der Zeit um 1890 – 1915 massenhafte Anfertigungszahlen erreichten, muss festgestellt werden, dass es diese einfachen Möbel gegenwärtig zur Genüge im Handel gibt. Von Raritäten oder gar Unikaten kann dabei nicht die Rede sein. Vor der Vereinigung Deutschlands im Jahre 1989 sah es diesbezüglich auf dem Markt noch anders aus. Doch seit der Zusammenführung von BRD und DDR und der Lockerung der Grenzmodalitäten östlicher Länder ist es zu einer regelrechten „Gründerzeit-Schwemme" gekommen. Sicher trifft dies auch für andere Stile und Bereiche des Kunst- und Antiquitätenhandels zu, im Falle der Gründerzeit aber macht sich die neue politische Situation in Mitteleuropa besonders bemerkbar. Als extrem auffällig war ein „Gründerzeit-Überangebot“ in den Jahren 1989 bis 1993 zu registrieren. Man musste den Eindruck gewinnen, dass es mehr einfache und billige Gründerzeit-Möbel als Käufer hierfür gab.

In letzter Zeit mehren sich die Anzeichen für eine „gesunde“ Stabilisierung des Marktes und für ein Verhältnis von Angebot und Nachfrage, wie es für den Antiquitätenhandel typisch ist. Fachleute konstatieren, dass es wieder schwer geworden ist, durchschnittliche und gute Gründerzeit-Möbel anzukaufen, da die noch vor einigen Jahren unzähligen Quellen aus „konservierten“ Haushaltungen der ehemaligen DDR nahezu versiegt sind. Von daher hat sich wieder ein relativ festes Preisniveau für einfache Gründerzeit-Möbel eingependelt, das sich in nächster Zeit kaum mehr steigern wird.

Anders verhält es sich bei qualitätsvollen Gründerzeit-Möbeln. Hier spricht man bereits von Engpässen. Dies gilt besonders für den Nussbaumbereich. Bei guten Nussbaum-Möbeln, ausgefallenen Sammlerstücken und bei aufwändig gestalteten Möbeln mit architektonischer Konzeption und vielfältigem Zierrat sind jetzt schon enorme Preissteigerungsraten zu verzeichnen, die fünfstellige Zahlen erreichen. Ein aufwändiges, reich verziertes Nussbaumbüffet, das vor etwa 20 Jahren ca. 750 € bis 1.000 € kostete, erzielt heute 5.000 € bis 10.000 € und mehr. Für qualitätsvolle Gründerzeit-Möbel, so die Marktführer einhellig, sind jetzt nach der Jahrtausendwende noch höhere Preissteigerungen zu erwarten.

Die gegenwärtige Bewertung der Gründerzeit aus kunstwissenschaftlicher Sicht, die neu gewonnene Haltung der Museen diesem Stil gegenüber und die ständig wachsende Beliebtheit der Gründerzeit-Möbel unter den Sammlern stehen jedenfalls in Einklang mit diesen Prognosen.

Obwohl die Gründerzeit im Verhältnis zu Barock, Louis-XVI oder Biedermeier einen jungen Stil darstellt, gilt hier, was bei den älteren Stilen ebenfalls relevant ist: Ausgefallene Möbel mit differenzierten Stilmerkmalen und qualitativ hochwertige Sammlerstücke mit kunstschreinerischem Gehalt sind auf dem Antiquitätenmarkt äußerst rar, sie nehmen einen hohen Sammlerwert ein und werden auch im 21. Jahrhundert eine sukzessive Wertsteigerung erfahren.

43 **Büffet.**
Nussbaum furniert, Korpus Eiche. Extremes Breitenmaß von 270 cm, um 1880/90. Im Jahr 2003 erzielter Preis: 12.500 € (Antikhandel Reuer, Gladbeck)

44 **Büffet.** Nussbaum furniert und intarsiert. Korpus Eiche. Plastisches und vollplastisches Schnitzwerk. Bronziertes Beschlagwerk. Tablettschübe mit italienischem Marmor. Innenteile mit Vogelaugenahorn gegenfurniert. Originalzustand, Originalpatina. Hersteller: Hof-Möbel-Fabrik Julius Groschkus, Hof-Tischlermeister, Berlin. Auftragsgemäße Sonderanfertigung für die damalige Griechische Botschaft in Berlin, um 1880/90.
Im Jahr 2003 erzielter Preis: 17.000 € (Antikhandel Reuer, Gladbeck)

45 **Eckbank in L-Form mit Überbau.** Nussbaum massiv und furniert. Plastisches und vollplastisches Schnitzwerk, um 1880/90. Im Jahr 2003 erzielter Preis: 12.000 € (Antikhandel Reuer, Gladbeck)

47 **FASSADENSCHRANK.** Nussbaum furniert, um 1870/80.
5.500 € / 6.500 €

48 **FASSADENSCHRANK.** Nussbaum massiv, Berlin, um 1870/80.
5.000 € / 6.000 €

49 **FASSADENSCHRANK.** Nussbaum, Buche und Weichholz massiv, Füllungen Esche furniert, um 1880/90.
2.700 € / 3.300 €

50 **KLEINER FASSADENSCHRANK.** Nussbaum massiv und furniert, Berlin, um 1880/90.
2.900 € / 3.500 €

51 SCHRANK. Eiche massiv und furniert, um 1880/90.
2.200 € / 2.600 €

52 SCHRANK. Eiche massiv, um 1880/90.
1.800 € / 2.300 €

53 SCHRANK. Eiche massiv, um 1880/90.
1.800 € / 2.300 €

54 SCHRANK. Eiche massiv, um 1880/90.
1.600 € / 2.000 €

55 **Schrank.** Nussbaum massiv und furniert, um 1880/90.
1.500 € / 1.900 €

56 **Schrank.** Nussbaum massiv und furniert, um 1880/90.
1.100 € / 1.400 €

57 **Schrank.** Nussbaum furniert, um 1880/90.
1.200 € / 1.500 €

58 **Schrank.** Birke furniert, um 1880/90.
900 € / 1.100 €

59 **Schrank.** Weichholz, um 1890/1900.
1.400 € / 1.700 €

60 **Schrank.** Weichholz, um 1890/1900.
1.000 € / 1.250 €

61 **Schrank.** Weichholz, um 1890/1900.
700 € / 900 €

62 **Blenderschrank.** Weichholz, um 1880/90.
1.100 € / 1.400 €

63 Spiegelschrank. Nussbaum furniert, um 1880/90.
3.800 € / 4.500 €

64 Kleiner Salonschrank. Nussbaum furniert, teilebonisiert, Berlin, um 1880/90.
5.000 € / 6.000 €

65 Eckvitrinenschrank. Nussbaum furniert. Hersteller: Hof-Möbel-Fabrik J. Gluckert, Darmstadt, um 1885.
5.500 € / 6.500 €

66 Vitrinenschrank. Nussbaum massiv und furniert, Berlin, um 1880/90.
4.200 € / 4.900 €

67 **VITRINENSCHRANK.** Nussbaum furniert. Hersteller: Möbelfirma Wilhelm Duda, Gelsenkirchen, dat. 1890.
2.000 € / 2.500 €

68 **VITRINENSCHRANK.** Nussbaum furniert, um 1880/90.
1.800 € / 2.200 €

69 **VITRINENSCHRANK.** Eiche furniert, um 1880/90.
1.500 € / 1.900 €

70 **VITRINENSCHRANK.** Nussbaum furniert, um 1880/90.
1.400 € / 1.800 €

71 **Vitrinenaufsatzschrank.** Nussbaum furniert. Berlin, um 1880/90.
4.000 € / 4.800 €

72 **Vitrinenaufsatzschrank.** Nussbaum furniert, originale Ätzverglasung, Berlin, um 1880/90.
3.200 € / 3.800 €

73 **Vitrinenaufsatzschrank.** Nussbaum furniert, originale Bleiverglasung, um 1880/90.
2.900 € / 3.700 €

74 **Vitrinenaufsatzschrank.** Nussbaum furniert, Berlin, um 1880/90.
2.800 € / 3.500 €

75 **Vitrinenaufsatzschrank.** Nussbaum furniert, um 1880/90.
2.700 € / 3.400 €

76 **Vitrinenaufsatzkommode.** Nussbaum furniert, Berlin, um 1880/90.
2.500 € / 3.200 €

77 **Vitrinenaufsatzschrank.** Nussbaum furniert, um 1880/90.
2.000 € / 2.500 €

78 **Vitrinenaufsatzkommode.** Weichholz, um 1890/1900.
1.200 € / 1.500 €

79 **Uhrenaufsatzbüffet.** Nussbaum furniert.
Uhrwerk: Lenzkirch, Lenzkirch/Schwarzwald.
Büffet-Korpus Berlin, um 1880/90.
14.000 € / 17.000 €

80 **Büffet.** Nussbaum furniert, Berlin, um 1880/90.
10.000 € / 12.000 €

81 **Büffet.** Nussbaum furniert, Berlin, um 1880/90.
10.000 € / 12.000 €

82 **Büffet.** Nussbaum furniert, Berlin, um 1880/90.
8.000 € / 10.000 €

83 **Büffet.** Nussbaum furniert, Würzburg, um 1885.
6.000 € / 7.500 €

84 **Büffet.** Nussbaum furniert, Berlin, um 1880/90.
6.000 € / 7.500 €

85 **Büffet.** Eiche massiv und furniert, um 1880/90.
3.600 € / 4.200 €

86 **Büffet.** Eiche massiv und furniert, um 1895.
4.500 € / 5.500 €

87 **Büffet.** Nussbaum furniert, originale Ätzverglasung, um 1880/90.
1.600 € / 1.900 €

88 **Büffet.** Weichholz, Dresden, um 1890/1900.
2.400 € / 2.900 €

89 **Aufsatzkredenz.** Eiche massiv, um 1880/90.
4.000 € / 5.000 €

90 **Aufsatzkredenz.** Nussbaum furniert, Berlin, um 1880/90.
2.500 € / 3.000 €

91 **Kabinettschrank.** Nussbaum furniert, Berlin, um 1880/90.
5.000 € / 6.000 €

92 **Kabinettschrank.** Nussbaum furniert. Hersteller: Edwin Metz, Zeulenroda/Thüringen, um 1880/90.
5.000 € / 6.000 €

93 **Kabinettschrank.** Nussbaum furniert und intarsiert, um 1880/90.
4.500 € / 5.500 €

94 **Kabinettschrank.** Nussbaum furniert. Hersteller: Hof-Möbel-Fabrik Julius Groschkus, Berlin, um 1880/90.
3.600 € / 4.200 €

95 **Kabinettschrank.** Nussbaum furniert und intarsiert, Berlin, um 1870/80.
6.200 € / 7.800 €

96 **Kabinettschrank.** Nussbaum furniert, Bronze-Medaillon, Berlin, um 1870/80.
6.200 € / 7.800 €

97 **Kabinettschrank.** Nussbaum furniert, Berlin, um 1880/90.
3.200 € / 3.800 €

98 **Kabinettschrank.** Nussbaum furniert, um 1880/90.
3.000 € / 3.600 €

99 **KABINETTSCHRANK.** Nussbaum furniert, um 1880/90.
3.200 € / 3.800 €

100 **KABINETTSCHRANK.** Nussbaum furniert, um 1880/90.
3.800 € / 4.600 €

101 **KABINETTSCHRANK.** Nussbaum furniert, Ahorn intarsiert, süddeutsch, um 1880/90.
3.500 € / 4.300 €

102 **KABINETTSCHRANK.** Eiche massiv. Herst.: Möbelfabrik Otto Weinhold, Olbernhau/Erzgebirge, um 1880/90.
2.000 € / 2.500 €

103 Aufsatzvertiko. Übergröße 2,30 m hoch. Nussbaum furniert, Schwarzlotmalerei, um 1880/90. 2.400 € / 2.900 €

104 Aufsatzvertiko. Nussbaum furniert, Berlin, um 1880/90. 1.400 € / 1.700 €

105 Aufsatzvertiko. Nussbaum furniert, Berlin, um 1880/90. 2.000 € / 2.500 €

106 Aufsatzvertiko. Nussbaum furniert, um 1880/90. 1.250 € / 1.500 €

107 **Pfeiler-Zierschränkchen.** Nussbaum furniert, Berlin, um 1880/90.
1.600 € / 1.900 €

108 **Pfeiler-Zierschränkchen.** Nussbaum furniert, Berlin, um 1880/90.
1.200 € / 1.400 €

109 **Pfeilerkommode.** Nussbaum furniert, um 1880/90.
2.300 € / 2.800 €

110 **Pfeilerkommode.** Innenteilige Besteckeinrichtung, Nussbaum furniert, um 1880/90.
3.400 € / 4.000 €

111 **Kommode.** Nussbaum massiv und furniert, um 1880/90.
1.000 € / 1.250 €

112 **Kommode.** Nussbaum furniert, um 1880/90.
1.000 € / 1.250 €

113 **Kommode.** Birke furniert, um 1880/90.
700 € / 900 €

114 **Halbschrank.** Nussbaum furniert, um 1880/90.
900 € / 1.000 €

115 **Halbschrank.** Nussbaum furniert, um 1880/90.
800 € / 1.000 €

116 **Kommode.** Weichholz, um 1890/1900.
650 € / 850 €

117 **Schreibschrank.** Nussbaum furniert, Zentralverriegelung in ausklappbarer Säule, norddeutsch, um 1870/80.
3.800 € / 4.800 €

118 **Schreibschrank.** Mahagoni und Nussbaum furniert, um 1880/90.
2.800 € / 3.600 €

119 **Schreibschrank.** Nussbaum massiv und furniert, um 1880/90.
2.700 € / 3.500 €

120 **Vitrinenaufsatzsekretär.** Nussbaum furniert, um 1880/90.
2.700 € / 3.500 €

121 SCHREIBSCHRANK. Weichholz, um 1880/90.
2.700 € / 3.500 €

122 SCHREIBSCHRANK. Weichholz, Innenteil Nussbaum furniert, um 1880/90.
2.500 € / 3.200 €

123 VITRINENAUFSATZSEKRETÄR. Weichholz, Innenteil Nussbaum furniert, um 1880/90.
2.400 € / 2.900 €

124 VITRINENSEKRETÄR. Weichholz, um 1890/1900.
1.800 € / 2.300 €

125 **Herrenaufsatzschreibtisch.** Nussbaum furniert, Berlin, um 1880/90.
4.200 € / 5.000 €

126 **Herrenaufsatzschreibtisch.** Schreibplatte ausziehbar, Nussbaum furniert, um 1880/90.
2.800 € / 3.400 €

127 **Herrenaufsatzschreibtisch.** Nussbaum furniert, Berlin, um 1880/90.
2.600 € / 3.200 €

128 **Herrenaufsatzschreibtisch.** Eiche massiv und furniert, um 1880/90.
1.900 € / 2.300 €

129 **Herrenaufsatzschreibtisch.** Nussbaum furniert, Berlin, um 1880/90.
3.200 € / 4.200 €

130 **Damenzylindersekretär.** Eiche massiv, Innenteil Birke furniert, um 1880/90.
1.600 € / 1.900 €

131 **Herrenschreibtisch.** Schreibplatte ausziehbar, allseitig Nussbaum furniert, um 1880/90.
2.000 € / 2.500 €

132 **Herrenschreibtisch.** Nussbaum furniert, um 1880/90.
1.500 € / 1.800 €

133 **Damenschreibtisch.** Nussbaum furniert, um 1880/90.
1.700 € / 2.100 €

134 **Damenschreibtisch.** Ausziehbares Schreibteil, Eiche massiv und furniert, um 1880/90.
1.400 € / 1.800 €

135 **Damenaufsatzschreibtisch.** Nussbaum furniert. Hersteller: Tischlermeister Rudolf Höffner, Berlin, um 1880/90.
3.200 € / 4.000 €

136 **Damenaufsatzschreibtisch.** Nussbaum furniert, süddeutsch, um 1880/90.
2.600 € / 3.200 €

137 **Damenaufsatzschreibtisch.** Nussbaum furniert, um 1880/90.
3.000 € / 3.700 €

138 **Damenaufsatzschreibtisch.** Nussbaum furniert, um 1880/90.
2.000 € / 2.500 €

139 **Esstisch.** Ausziehbar, Nussbaum furniert, um 1880/90.
1.500 € / 2.000 €

140 **Esstisch.** Nussbaum massiv und furniert, um 1880/90.
1.100 € / 1.400 €

141 **Salontisch.** Nussbaum furniert, um 1880/90.
1.000 € / 1.300 €

142 **Salontisch.** Nussbaum furniert, um 1880/90.
900 € / 1.200 €

143 **Spieltisch.** Dreh- und klappbare Platte, Nussbaum massiv, um 1880/90.
850 € / 1.100 €

144 **Spieltisch.** Dreh- und klappbare Platte, Nussbaum und div. Edelhölzer furniert und intarsiert, um 1880/90.
1.000 € / 1.300 €

145 Salontisch.
Nussbaum massiv
und furniert,
um 1880/90.
1.000 € / 1.200 €

146 Spieltischchen.
Aufklappbare Platte,
Eiche massiv und furniert,
um 1880/90.
750 € / 950 €

147 Salontisch.
Seltene oktogonal-
gerundete Platte,
Nussbaum furniert,
Berlin, um 1880/90.
1.200 € / 1.400 €

148 Bestecktischchen.
Eiche massiv,
um 1880/90.
800 € / 1.000 €

149 Ziertisch.
Eiche massiv und furniert,
um 1880/90.
300 € / 400 €

150 Ziertisch.
Eiche massiv,
um 1880/90.
450 € / 550 €

151 Aufsatznähtisch. Ausziehbare Schreibplatte, Nussbaum furniert, um 1880/90.
1.900 € / 2.300 €

152 Nähtisch. Nussbaum furniert, Berlin, um 1880/90.
1.400 € / 1.700 €

153 Nähtisch. Nussbaum furniert und mit diversen Edelhölzern intarsiert, um 1880/90.
1.200 € / 1.400 €

154 Näh- und Spieltisch. Dreh- und klappbare Platte, Nussbaum furniert, um 1880/90.
1.350 € / 1.500 €

155 **ETAGÈRE.** Nussbaum massiv und furniert, um 1880/90.
1.000 € / 1.300 €

156 **ETAGÈRE.** Ebonisiertes Holz, um 1880/90.
650 € / 850 €

157 **ETAGÈREN-KREDENZ.** Nussbaum furniert, schwarze Marmorplatte, um 1880/90.
1.000 € / 1.300 €

158 **ETAGÈREN-TISCH.** Ausgezogener Zustand, Nussbaum furniert, um 1880/90.
1.000 € / 1.200 €

171 **Muschelkronen-Polsterbank und Muschelkronen-Armlehnsessel.**
Nussbaum massiv,
um 1880/90.
Polsterbank 1.700 € / 2.200 €
Sessel 1.200 € / 1.500 €

172 **Kronensäulen-Polsterbank.**
Eiche massiv,
um 1880/90.
1.600 € / 1.900 €

173 **Muschelsäulen-Polsterbank.**
Ebonisiertes Holz,
um 1880/90.
1.400 € / 1.800 €

174 **Ebonisierte Salonmöbel.**
Ebonisiertes Holz, um 1880/90.
Ebonisierte Möbel sind eine Variante des elitären Gründerzeit-Wohnstils, die heute allerdings nicht hoch in der Gunst der Händler und Sammler stehen.

Aufsatzvertiko	1.000 € / 1.300 €
Salontisch	600 € / 800 €
Muschelsäulen-Stuhl	300 € / 400 €

175 **AUFSATZTRUHENBANK.** Nussbaum furniert, originale Bleiverlasung. Hersteller: Hof-Möbel-Fabrik Julius Groschkus, Berlin, um 1880/90.
3.800 € / 4.600 €

176 **AUFSATZTRUHENBANK.** Eiche massiv und furniert. Hersteller: Hof-Möbel-Fabrik Julius Groschkus, Berlin, um 1880/90.
3.400 € / 4.000 €

177 **AUFSATZTRUHENBANK.** Eiche massiv und furniert, um 1880/90.
3.000 € / 3.600 €

178 **AUFSATZTRUHENBANK.** Eiche massiv und furniert, um 1880/90.
2.200 € / 2.700 €

179 **Kinderschreibtisch mit Kinderstuhl.** Allseitig Nussbaum furniert, Berlin, um 1880/90.
2.500 € / 3.000 € (Rechts zur Größenrelation ein Stuhl für Erwachsene).

180 **Kinderschreibtisch mit Kinderstuhl.** Nussbaum furniert, Berlin, um 1880/90.
2.300 € / 2.800 € (Rechts zur Größenrelation ein Stuhl für Erwachsene).

181 **Konsolen-Pfeilerspiegel.**
Nussbaum furniert, um 1880/90.
1.200 € / 1.500 €

182 **Konsolen-Pfeilerspiegel.**
Nussbaum furniert, um 1880/90.
1.200 € / 1.500 €

183 **Konsolen-Pfeilerspiegel.**
Nussbaum furniert, um 1880/90.
1.200 € / 1.500 €

184 **Konsolen-Pfeilerspiegel.**
Eiche massiv, um 1880/90.
800 € / 1.000 €

185 **Pfeilerspiegel.** Nussbaum massiv und furniert, um 1880/90.
900 € / 1.000 €

186 **Wandspiegel.** Nussbaum massiv, um 1880/90.
600 € / 800 €

187 **Symphonion mit Uhr.**
Nussbaum furniert. Werk: Symphonion Typ 120 WU. Seitlicher Münzeinwurf. Uhr-Laufdauer eine Woche, um 1880/90.
7.500 € / 8.500 €

188 **Wandschränkchen.**
Nussbaum massiv und furniert, plastische und vollplastische Schnitzereien, um 1880/90.
800 € / 1.000 €

189 **Wandschränkchen.**
Nussbaum furniert, um 1880/90.
650 € / 850 €

190 **Wandschränkchen.**
Nussbaum massiv und furniert, um 1880/90.
580 € / 680 €

191 **Wandschränkchen.**
Nussbaum massiv, Berlin, dat. 1887.
580 € / 680 €

192 **Wandschränkchen.**
Weichholz, um 1890/1900.
300 € / 450 €

193 **Konsolenuhr.** Höhe: 95 cm mit Konsole, 75 cm ohne Konsole. Eiche massiv, reiche Messing-Applikationen. Werk: Gustav Becker, Freiburg/Schlesien. Halbstundenschlag, Laufdauer eine Woche, Gehäuse wohl Berlin, um 1880/90. 2.400 € / 2.900 €

194 **Konsolenuhr.** Höhe: 70 cm mit Konsole, 45 cm ohne Konsole. Nussbaum massiv und furniert, reiche Messing-Applikationen und -Säulen. Werk: Lenzkirch, Lenzkirch/Schwarzwald. Viertelstundenschlag, Laufdauer eine Woche, Gehäuse wohl Berlin, um 1880/90. 2.300 € / 2.800 €

195 **Konsolenuhr.** Höhe: 57 cm o. Konsole. Nussb. massiv u. furniert, reiche Messing-Applikationen. Werk: Junghans, Schramberg/Schwarzw. Viertelstundenschlag, Laufdauer 8 Tage, Gehäuse Berlin, um 1880/90. 2.200 € / 2.700 €

196 **Tischuhr.** Höhe: 44 cm. Eiche massiv und furniert. Werk: Lenzkirch, Lenzkirch/Schwarzwald. Halbstundenschlag, Laufdauer zwei Wochen, um 1890/1900.
900 € / 1.200 €

197 **GROSSE WANDUHR.**
Regulator. Höhe: 135 cm.
Nussbaum massiv und furniert, reiche Messing-Applikationen.
Werk: Gustav Becker, Freiburg/Schlesien. Viertelstundenschlag, Laufdauer eine Woche, um 1880/90.
2.400 € / 2.800 €

198 **WANDUHR.**
Regulator. Höhe: 100 cm.
Nussbaum massiv und furniert, reiche Messing-Applikationen.
Werk: Gustav Becker, Freiburg/Schlesien. Viertelstundenschlag, Laufdauer eine Woche, um 1895/1900.
2.000 € / 2.500 €

199 **GROSSE WANDUHR.**
Regulator. Höhe: 125 cm.
Nussbaum massiv und furniert, reiche Messing-Applikationen.
Werk: o. A. Viertelstundenschlag, Laufdauer eine Woche, um 1895/1900.
1.900 € / 2.300 €

200 **GROSSE WANDUHR.**
Regulator-Freischwinger.
Höhe: 110 cm.
Nussbaum massiv und furniert, reiche Messing-Applikationen.
Werk: Lenzkirch, Lenzkirch/Schwarzwald. Zifferblatt vergoldet, Laufdauer 10 Tage, Gehäuse wohl Berlin, um 1880/90.
3.600 € / 4.200 €

201 **Polyphon-Standuhr.**
Nussbaum furniert. Werk: bez. Nr. 62. Halbstundenschlag, Laufdauer eine Woche, Musik ertönt zu jeder vollen Stunde, um 1880/90.
15.000 € / 18.000 €

202 **Standuhr.** Nussbaum furniert. Werk: Halbstundenschlag, Laufdauer eine Woche. Hersteller des Gehäuses: Hof-Möbel-Fabrik Julius Groschkus, Berlin, um 1880/90.
7.800 € / 8.800 €

203 **Standuhr.** Nussbaum furniert. Werk: Halbstundenschlag, Laufdauer eine Woche, um 1880/90.
6.500 € / 7.500 €

204 Standuhr.
Nussbaum massiv und furniert.
Werk: Viertelstundenschlag,
Laufdauer neun Tage,
Gehäuse Berlin, um 1880/90.
3.700 € / 4.500 €

205 Standuhr.
Nussbaum massiv und furniert.
Werk: Furtwängler & Söhne, Furtwangen/Schwarzwald. Hersteller des Gehäuses: wohl Hof-Möbel-Fabrik Julius Groschkus, Berlin, um 1880/90.
5.500 € / 6.500 €

206 Standuhr.
Nussbaum massiv und furniert.
Werk: Lenzkirch, Lenzkirch/Schwarzwald. Viertelstundenschlag, Laufdauer eine Woche, Gehäuse wohl Berlin, um 1880/90.
7.000 € / 8.500 €

Fassadenschränke

Fassadenschränke kennzeichnen sich durch reich gegliederte Fronten und erinnern an architektonische Formen von Gebäudefassaden.

Die Gestaltung der Front eines Fassadenschranks besteht zumeist aus einer seitlichen Säulen- oder Pilasteranlage, einem vorgesetzten Kopfteil und Sockel sowie einer dominant gegliederten und stark applizierten oder reliefierten Türfüllungsornamentik.

Fassadenschränke können ähnlich große Dimensionen wie Hallenschränke ausmachen, vereinzelt aber auch nur so klein sein wie standardisierte Kleider- oder Wäscheschränke.

Neben Hallenschränken zählen Fassadenschränke zu den begehrtesten und teuersten Schrankmöbeln der Gründerzeit.

207 Fassadenschrank. Nussbaum massiv, Berlin, um 1870/80.
5.000 € / 6.000 €

208 Detail von Abb. 207.

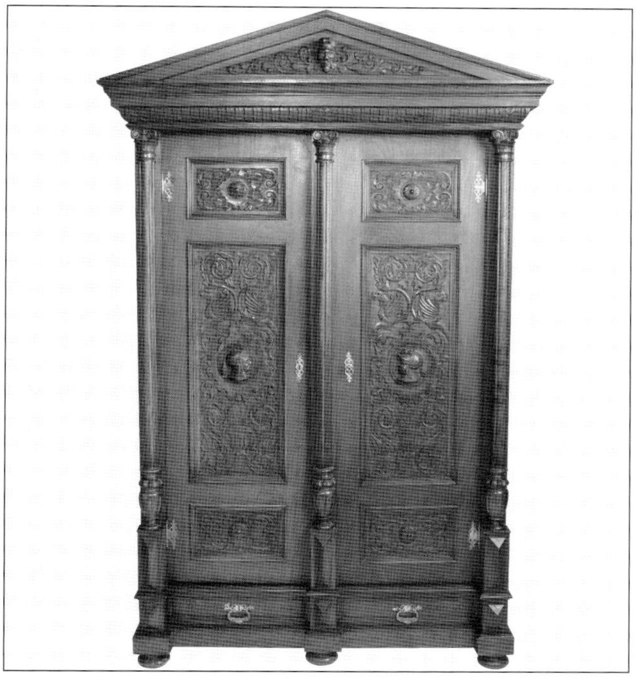

209 Fassadenschrank. Nussbaum furniert, um 1870/80.
5.500 € / 6.500 €

210 Fassadenschrank. Eiche massiv, um 1880/90.
4.800 € / 5.800 €

211 Kleiner Fassadenschrank. Nussbaum massiv und furniert, Berlin, um 1880/90.
2.900 € / 3.500 €

212 Fassadenschrank. Nussbaum, Buche und Weichholz massiv, Füllungen Esche furniert, um 1880/90.
2.700 € / 3.300 €

213 Fassadenschrank. Weichholz, um 1880/90.
2.300 € / 3.000 €

214 Fassadenschrank. Weichholz, um 1880/90.
2.200 € / 2.800 €

Große Kleiderschränke, Hallenschränke

Große Kleiderschränke haben ein Tiefenmaß von ca. 50 bis 60 cm und ihr Breitenmaß beträgt ca. 140 bis 180 cm. Dementsprechend ist die Korpushöhe (ohne Bekrönung) etwa 200 bis 220 cm. Diese Größenverhältnisse gewähren die unproblematische Aufbewahrung von Kleidern und Mänteln.

In der Gründerzeit stand der herkömmliche große Kleiderschrank im Schlafzimmer oder in der Diele, jedoch keinesfalls im Wohnzimmer. Heute hingegen schmücken derartige Schränke auch den eigentlichen Wohnbereich, wo sie multifunktionale Verwendung finden. Große Schränke gelten als gesuchte Objekte und befinden sich in gehobenen Preisregionen.

Regelrecht rar und entsprechend wertvoll sind große Hallenschränke. Das Breitenmaß solcher Schränke kann 180 bis 230 cm erreichen, und auch in der Höhe können mit bis zu 300 cm „barocke" Dimensionen erlangt werden. Diese aufwändig gearbeiteten Möbel lassen in Zusammenhang mit ihrer Übergröße eindeutige Rückschlüsse auf ihre gutbürgerliche, oftmals aristokratische Herkunft zu.

Während herkömmliche kleine Schränke in der Gründerzeit ihren Platz hauptsächlich in Schlafzimmern und beengten Dielen fanden, blieben solchen großen Schrankmöbeln Eingangshallen und repräsentative Vorräume vorbehalten. Hallenschränke standen vereinzelt auch in herrschaftlichen Schlafgemächern.

215 Hallenschrank.
Nussbaum furniert,
um 1890/1900.
2.700 € / 3.300 €

216 Hallenschrank. Nussbaum furniert, um 1880/90.
3.000 € / 3.600 €

217 Hallenschrank. Eiche massiv, um 1880/90.
2.900 € / 3.500 €

218 Hallenschrank. Weichholz, um 1880/90.
2.500 € / 3.200 €

219 Hallenschrank. Weichholz und Buche, um 1890/1900.
2.300 € / 3.000 €

220 **Schrank.** Eiche massiv und furniert, um 1880/90.
2.000 € / 2.500 €

221 **Schrank.** Eiche massiv, um 1880/90.
1.800 € / 2.300 €

222 **Schrank.** Nussbaum massiv und furniert. Seltene Eindrittel/Zweidrittel-Türenaufteilung, um 1880/90.
1.900 € / 2.400 €

223 **Schrank.** Eiche massiv, um 1880/90.
1.800 € / 2.300 €

224 **Schrank.** Eiche massiv, um 1880/90.
1.700 € / 2.200 €

225 **Schrank.** Eiche massiv, um 1880/90.
1.600 € / 2.000 €

226 **Schrank.** Eiche massiv, um 1880/90.
1.500 € / 1.900 €

227 **Schrank.** Nussbaum furniert, um 1880/90.
1.300 € / 1.600 €

228 **Schrank.** Weichholz, um 1880/90.
2.000 € / 2.600 €

229 **Schrank.** Weichholz, um 1880/90.
1.750 € / 2.250 €

230 **Schrank.** Weichholz, um 1880/90.
1.900 € / 2.400 €

231 **Schrank.** Weichholz, um 1890/1900.
1.900 € / 2.400 €

232 SCHRANK. Weichholz, um 1890/1900.
1.400 € / 1.700 €

233 SCHRANK. Weichholz, um 1890/1900.
1.400 € / 1.700 €

234 SCHRANK. Weichholz, um 1890/1900.
1.300 € / 1.800 €

235 SCHRANK. Weichholz, um 1890/1900.
1.300 € / 1.800 €

236 **Schrank.** Weichholz, um 1890/1900.
1.150 € / 1.450 €

237 **Schrank.** Weichholz, Pfalz, um 1890/1900.
1.000 € / 1.250 €

238 **Schrank.** Weichholz, um 1890/1900.
1.000 € / 1.250 €

239 **Schrank.** Weichholz, um 1890/1900.
1.000 € / 1.250 €

Kleine Kleiderschränke, Wäscheschränke

Der gewöhnliche, um 1890 standardisierte Gründerzeitschrank ist zumeist zweitürig konzipiert. Er erscheint trotz seiner Zweitürigkeit in den Maßen eines Eintürers. Seine Korpusbreite bewegt sich in der Regel zwischen 95 und 120 cm, seine Korpushöhe beträgt meistens zwischen 175 und 190 cm, und im Verhältnis dazu ist seine Tiefe mit etwa 40 bis 50 cm relativ gering. Derartige Schänke, in der Spätgründerzeit massenhaft gefertigt, sind auch auf dem heutigen Antiquitätenmarkt am häufigsten vertreten und stellen im Schrankspektrum der Gründerzeit die preisgünstigsten Angebote dar. Neben der Holzart, der Holzauswahl und dem verwendeten Zierrat ist bei diesen Möbeln mit entscheidend für den Preis, ob der betreffende Schrank seine originale Bekrönung besitzt, was bei vielen Schränken leider nicht mehr zutrifft. Wie bei allen Behältnismöbeltypen der Gründerzeit kann auch bei Schränken fast ausnahmslos davon ausgegangen werden, dass sie im Original mit kopfteilabschließenden Bekrönungszierstücken (z. B. Muschel-Segmentgiebel, Sprenggiebel, Kugelknäufe, Balustergalerien o. Ä.) im zweifachen Sinne des Wortes „bedacht“ wurden. Fehlt die originale Bekrönung am Schrank, macht dies im Verhältnis zu einem vergleichbaren original bekrönten Schrank ca. 10 bis 20 Prozent Preisunterschied aus. Gründerzeitschränke dieser weit verbreiteten Art sind vorwiegend in einem Stück gebaut, d. h. sie können nicht zerlegt werden.

240 **Schrank.** Nussbaum furniert, um 1880/90.
1.200 € / 1.500 €

241 **Schrank.** Weichholz, um 1890/1900.
1.000 € / 1.250 €

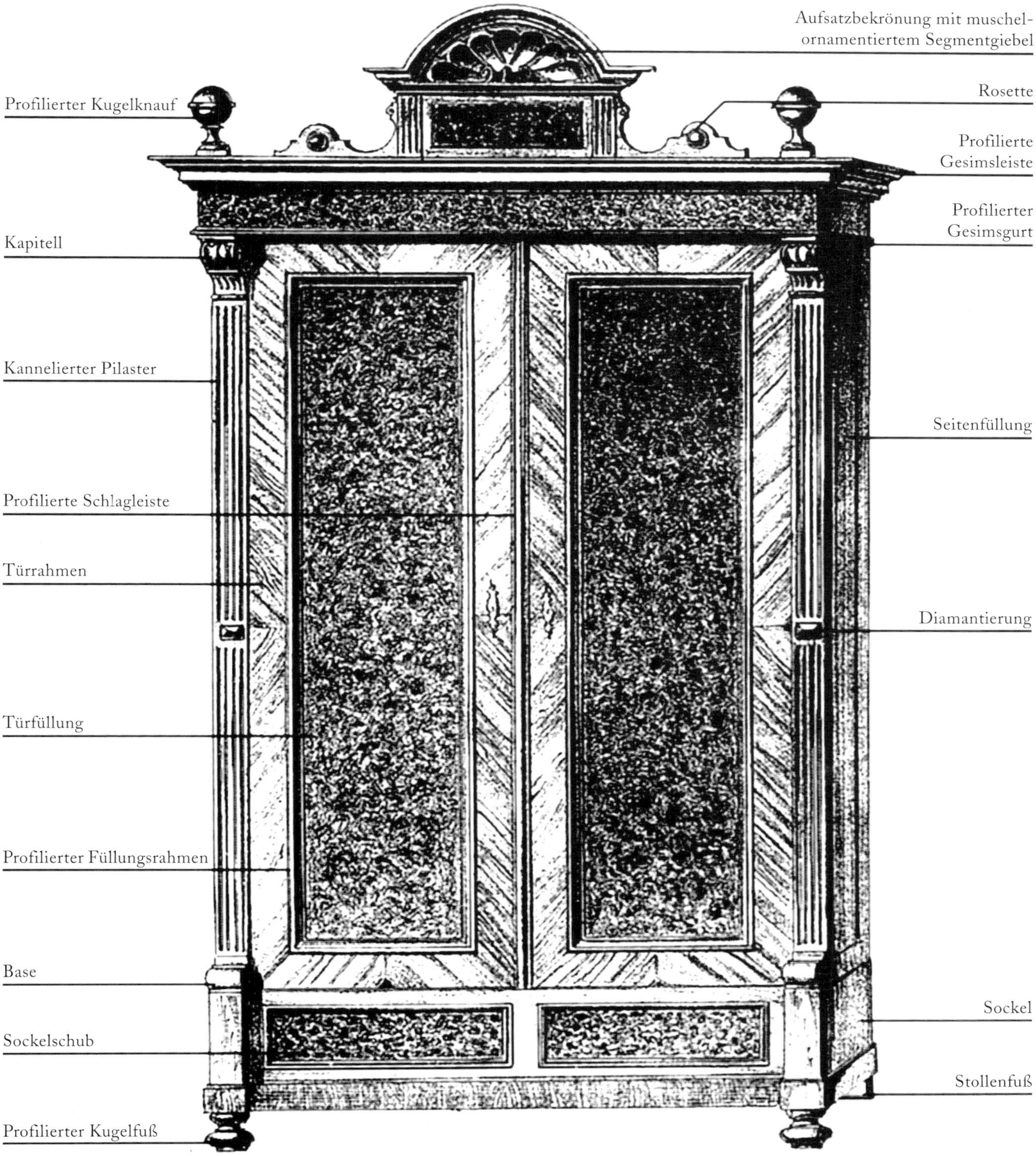

242 Zeitgenössische Zeichnung eines standardisierten Gründerzeit-Schrankes.

243 SCHRANK. Nussbaum furniert, um 1880/90.
1.500 € / 1.900 €

244 SCHRANK. Eiche massiv und furniert, um 1880/90.
1.400 € / 1.700 €

245 SCHRANK. Nussbaum massiv und furniert, um 1880/90.
1.300 € / 1.600 €

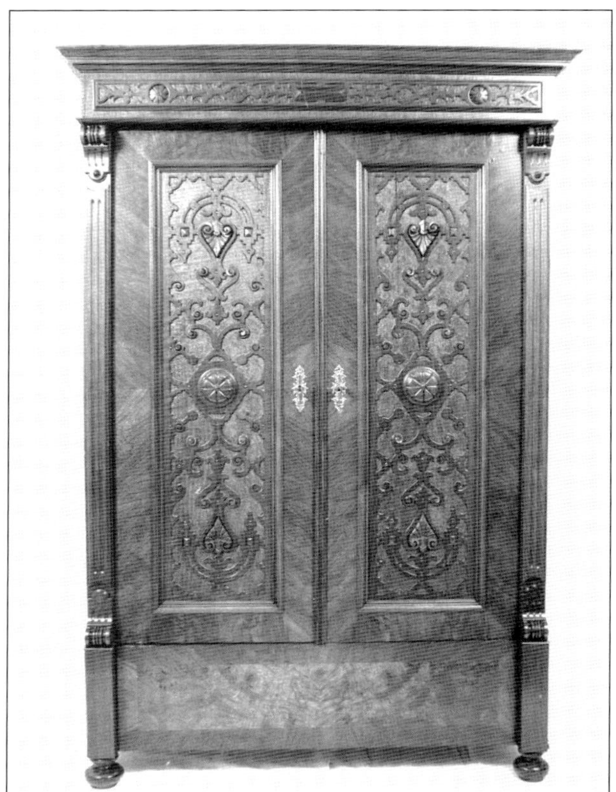

246 SCHRANK. Nussbaum massiv und furniert, um 1880/90.
1.250 € / 1.550 €

247 Schrank. Nussbaum furniert, um 1880/90.
1.200 € / 1.500 €

248 Schrank. Nussbaum massiv und furniert, um 1880/90.
1.200 € / 1.500 €

249 Schrank. Nussbaum furniert, um 1880/90.
1.200 € / 1.500 €

250 Schrank. Nussbaum furniert, um 1880/90.
1.100 € / 1.400 €

251 Schrank. Birke furniert, um 1880/90.
1.000 € / 1.200 €

252 Schrank. Birke furniert, um 1880/90.
900 € / 1.100 €

253 Schrank. Nussbaum furniert, um 1880/90.
1.000 € / 1.250 €

254 Schrank. Nussbaum furniert, um 1880/90.
850 € / 1.100 €

255 **Schrank.** Weichholz, um 1890/1900.
1.000 € / 1.250 €

256 **Schrank.** Weichholz, um 1890/1900.
1.000 € / 1.250 €

257 **Schrank.** Weichholz, um 1890/1900.
1.000 € / 1.250 €

258 **Schrank.** Weichholz, um 1890/1900.
950 € / 1.200 €

259 Schrank. Weichholz, um 1890/1900.
700 € / 900 €

260 Blenderschrank. Weichholz, um 1890/1900.
1.200 € / 1.500 €
(Die Gliederung der Schranktür täuscht einen Schreibschrank vor, deshalb Blenderschrank genannt.)

261 Blenderschrank. Weichholz, um 1890/1900.
1.100 € / 1.400 €

262 Blenderschrank. Weichholz, um 1890/1900.
900 € / 1.100 €

Spiegelschränke

Spiegelschränke, also Schränke, deren Füllungsfelder teilweise nicht mit Holzfüllungen, sondern mit Spiegelglas versehen sind, gelten als Schlafzimmerschränke und dienen somit zur Aufbewahrung von Wäsche und Kleidungsstücken. Das Spiegelglas ist oft mit geschliffenen Rändern versehen.

263
SPIEGELSCHRANK.
Nussbaum furniert,
um 1880/90.
3.800 € / 4.500 €

264
SPIEGELSCHRANK.
Nussbaum furniert,
um 1880/90.
900 € / 1.100 €

265
SPIEGELSCHRANK.
Nussbaum furniert.
Hersteller:
Hof-Möbel-Fabrik
Carl Müller, Berlin,
um 1880/90.
3.500 € / 4.200 €

266
SPIEGELSCHRANK.
Nussbaum furniert,
um 1880/90.
800 € / 1.000 €

Salonschränke

Während Kleider- und Spiegelschränke niemals für gründerzeitliche Wohnzimmer konzipiert waren, stellten so genannte Salonschränke luxuriöse Einrichtungsgegenstände für den elitären Wohnbereich dar. Solche äußerst aufwändig verarbeiteten Möbel schmückten in der Gründerzeit nicht nur großzügig gestaltete Herrenzimmer, sondern auch hallenähnliche Salons mit feinster Ausstattung.

Salonschränke kennzeichnen sich durch ihre meist dreiteilige Anlage, die seitlich jeweils ein geschlossenes Schrankteil und mittig ein verglastes Vitrinenteil aufweist. Der gesamte Innenraum ist mit Regalböden versehen, was Schau- und Staufläche für Sammlungen, Wertsachen und Dokumente bietet.

Neben Fassadenschränken zählen Salonschränke zu den wertvollsten Schrankmöbeln der Gründerzeit und gelten heute als absolut seltene und begehrte Objekte.

267 **Grosser Salonschrank.** Nussbaum massiv und furniert. Mit drei meisterlichen Ölgemälden. Hersteller: Hof-Möbel-Fabrik Julius Groschkus, Berlin, um 1870/80.
9.000 € / 11.000 €

268 und 269
Details
von Abb.-Nr. 267

270 Kleiner
Salonschrank.
Nussbaum furniert,
teilebonisiert,
Berlin, um 1880/90.
5.000 € / 6.000 €

Vitrinenschränke, Vitrinen

Während man dreiseitig verglaste Möbel als Vitrinen bezeichnet, sind Vitrinenschränke (auch Bücherschränke genannt) in aller Regel seitlich geschlossen und haben nur die Front verglast. Bei Vitrinenschränken der Gründerzeit kommt bezüglich der Frontverglasung hinzu, dass diese zumeist nicht das ganze Türrahmenfüllungsfeld einnimmt, da das untere Drittel oder Viertel mit einer Holzfüllung versehen ist.

Vitrinenschränke haben insgesamt die Ausmaße von herkömmlichen kleinen Gründerzeitschränken. Der wesentliche Unterschied hinsichtlich der Maße besteht darin, dass die Tiefe von originalen Vitrinenschränken oft geringer ist als bei ihren artverwandten Schränken. Von Einzelfällen abgesehen, misst das Korpustiefenmaß authentischer Vitrinenschränke etwa 30 bis 40 cm. Erreicht das Tiefenmaß etwa 50 cm und mehr, ist Zweifel an der Echtheit eines Vitrinenschrankes anzumelden. Kommt eine durchgehende Glasfüllung hinzu, kann davon ausgegangen werden, dass das betreffende Möbel im Original ein Schrank war, dessen Holzfüllungen herausgenommen und nachträglich Gläser eingesetzt wurden. Da die Holzfüllungen von Gründerzeitschränken hauptsächlich

271 Vitrinenschrank. Nussbaum massiv und furniert, Berlin, um 1880/90.
4.200 € / 4.900 €

272 Vitrinenschrank. Nussbaum furniert. Hersteller: Möbelfirma Wilhelm Duda, Gelsenkirchen, dat. 1890.
2.000 € / 2.500 €

lose in den Füllungsrahmen eingelegt und meistens nicht eingenutet sind, sondern mit genagelten Füllungsleisten gehalten werden, ist es ein leichtes (jedoch zweifelhaftes) Vorgehen, aus einem nur unterdurchschnittlich zu bewertenden Kleiderschrank einen selteneren und wertvolleren „Vitrinenschrank" zu „zaubern". Leider ist diese Unsitte auf dem weit gefächerten Antiquitätenmarkt stark verbreitet. Dies führt bei Käufern zu Irritationen, besonders dann, wenn den vielen „Umbauten" in der Preislage von 750,– / 1.250,– € ein originaler Vitrinenschrank zum doppelten oder dreifachen Preis gegenübersteht. Weist der Händler ausdrücklich auf den „Umbau" hin und will der Kunde bewusst Geld sparen, ist die Sache zumindest aus rechtlicher Sicht in Ordnung. Der ernsthafte Sammler jedoch wird sich bewusst machen, dass Vitrinenschränke als relativ seltene Einrichtungsstücke gelten, die auch in der Gründerzeit der Mehrheit der Bevölkerung nicht erschwinglich waren und somit heute als rare Originalmöbel um so höher zu bewerten sind.

Regelrechte Vitrinen, also dreiseitig verglaste Möbel, gab es in der Gründerzeit fast nicht. Selbst Fachhändler konstatieren, dass ihnen ein originales Vitrinenmöbel der Gründerzeit höchst selten begegnet ist.

273 Vitrinenschrank. Nussbaum furniert, um 1880/90.
1.800 € / 2.200 €

274 Vitrinenschrank. Eiche furniert, um 1880/90.
1.500 € / 1.900 €

275 **Vitrinenschrank.** Nussbaum furniert, originale Bleiverglasung, um 1880/90.
2.500 € / 3.200 €

276 **Vitrinenschrank.** Nussbaum furniert, um 1880/90.
2.200 € / 2.700 €

277 **Vitrinenschrank.** Nussbaum furniert.
Hersteller: Möbelfabrik Joh. Pingel, Berlin, um 1880/90.
1.750 € / 2.250 €

278 **Vitrinenschrank.** Nussbaum furniert, um 1880/90.
1.400 € / 1.800 €

279 **Vitrinenschrank.** Weichholz, um 1890/1900.
1.100 € / 1.400 €

280 **Vitrinenschrank.** Weichholz, innen mit originalen Vitrinengefachen, um 1890/1900.
1.600 € / 2.000 €

281 **Vitrinenschrank.** Weichholz, um 1890/1900.
1.250 € / 1.600 €

282 **Vitrinenschrank.** Weichholz, innen mit originalen Vitrinengefachen und dreifach verspiegelter Rückwand, um 1890/1900.
1.700 € / 2.100 €

Vitrinenaufsatzschränke, Vitrinenaufsatzkommoden

Als Vitrinenaufsatzschrank wird ein zweiteiliges Möbel bezeichnet, das aus einem geschlossenen halbschrankartigen Unterteil und einem frontverglasten zweitürigen Oberteil besteht.

Der Vitrinenaufsatzschrank hat gewisse Ähnlichkeiten mit dem Büffet. Er unterscheidet sich jedoch in der Regel vom Büffet dadurch, dass sein Oberteil meistens direkt, jedenfalls ohne optisch dominantes Mittelteil, auf dem Unterteil sitzt. Während beim Büffet eine proportionale Ausgewogenheit zwischen Unter- und Oberteil vorherrscht, tritt beim Vitrinenaufsatzschrank das Oberteil eindeutig in den Vordergrund.

Vitrinenaufsatzkommoden sind prinzipiell in der gleichen Art konzipiert. Im Gegensatz zu Vitrinenaufsatzschränken ist das Unterteil von Vitrinenaufsatzkommoden jedoch, wie der Name schon sagt, kommodenartig angelegt. Bei beiden Möbeltypen ist darauf zu achten, dass Unterteil und Oberteil original zusammengehören. Beide Möbelteile müssen eindeutige Korrespondenzen hinsichtlich ihrer Holzart, Holzauswahl, Holztönung und ihrer wesentlichen Stilelemente aufweisen. Gibt es diesbezüglich Differenzen, muss davon ausgegangen werden, dass es sich um eine „Mariage", also um ein aus zwei ursprünglich verschiedenen Möbeln zusammengestelltes Objekt handelt.

Ein zusätzlicher kritischer Blick auf die Rückseite des betreffenden Möbels ergibt oft den entscheidenden Aufschluss über die originale Zusammengehörigkeit von Ober- und Unterteil, denn auch rückseitig müssen bezüglich der verwendeten Hölzer und der Konstruktion klare Gemeinsamkeiten bestehen.

283 Vitrinenaufsatzschrank. Nussbaum furniert, Berlin, um 1880/90.
2.800 € / 3.500 €

284 Vitrinenaufsatzkommode. Nussbaum furniert, Berlin, um 1880/90.
2.500 € / 3.000 €

285 VITRINENAUFSATZSCHRANK. Nussbaum furniert, Berlin, um 1880/90.
4.000 € / 4.800 €

286 VITRINENAUFSATZSCHRANK. Nussbaum massiv und furniert, um 1880/90.
3.400 € / 4.200 €

287 VITRINENAUFSATZSCHRANK. Nussbaum massiv und furniert. Hersteller: Hof-Möbel-Fabrik Chr. Niederhöfer Söhne, Edenkoben/Pfalz, um 1880/90.
3.000 € / 3.800 €

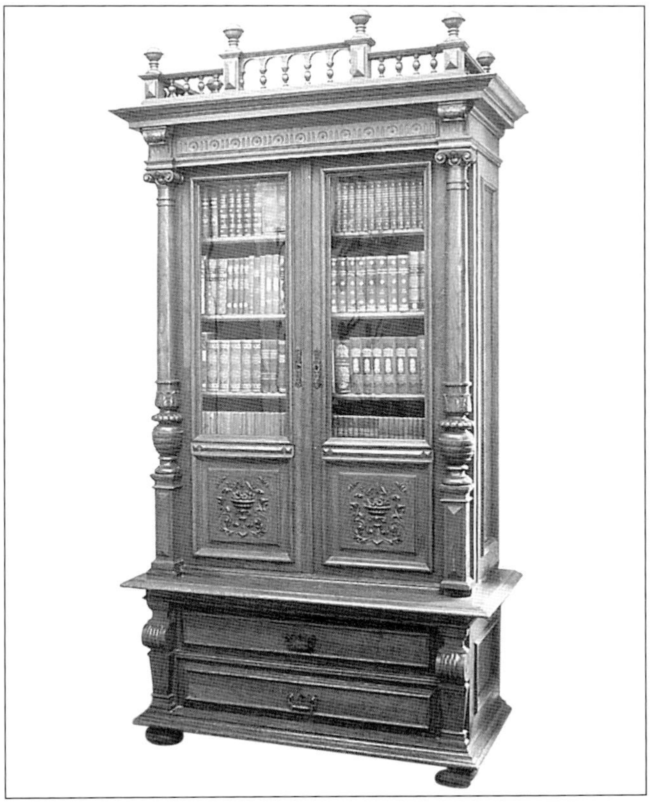

288 VITRINENAUFSATZKOMMODE. Eiche massiv und furniert. Hersteller: Hof-Möbel-Fabrik Julius Groschkus, Hof-Tischlermeister, Berlin, dat. 1892.
3.400 € / 4.200 €

289 VITRINENAUFSATZSCHRANK. Nussbaum furniert, originale Bleiverglasung. Herst.: Hof-Möbel-Fabrik Julius Groschkus, Hof-Tischlermeister, Berlin, dat. 1890
3.400 € / 4.200 €

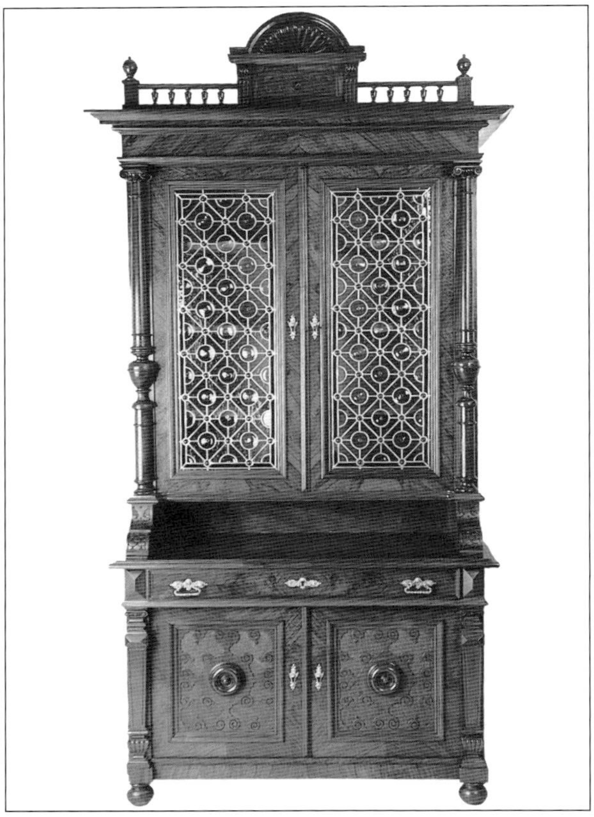

290 VITRINENAUFSATZSCHRANK. Nussbaum furniert, originale Bleiverglasung, um 1880/90.
2.900 € / 3.700 €

291 VITRINENAUFSATZSCHRANK. Nussbaum furniert, originale Ätzverglasung, um 1880/90.
3.200 € / 3.800 €

292 VITRINENAUFSATZSCHRANK. Nussbaum furniert, um 1880/90.
2.700 € / 3.400 €

293 Vitrinenaufsatzschrank. Nussbaum furniert, um 1880/90.
2.000 € / 2.500 €

294 Vitrinenaufsatzkommode. Nussbaum furniert, um 1880/90.
2.000 € / 2.500 €

295 Vitrinenaufsatzschrank. Nussbaum furniert, um 1880/90.
2.000 € / 2.500 €

296 Vitrinenaufsatzschrank. Nussbaum furniert, um 1880/90.
1.800 € / 2.300 €

297 VITRINENAUFSATZSCHRANK. Eiche massiv, um 1880/90.
2.000 € / 2.500 €

298 VITRINENAUFSATZKOMMODE/WAFFENSCHRANK. Eiche massiv und furniert, Bleiverglasung, um 1895.
3.000 € / 3.600 €

299 VITRINENAUFSATZKOMMODE. Weichholz, um 1890/1900.
1.450 € / 1.950 €

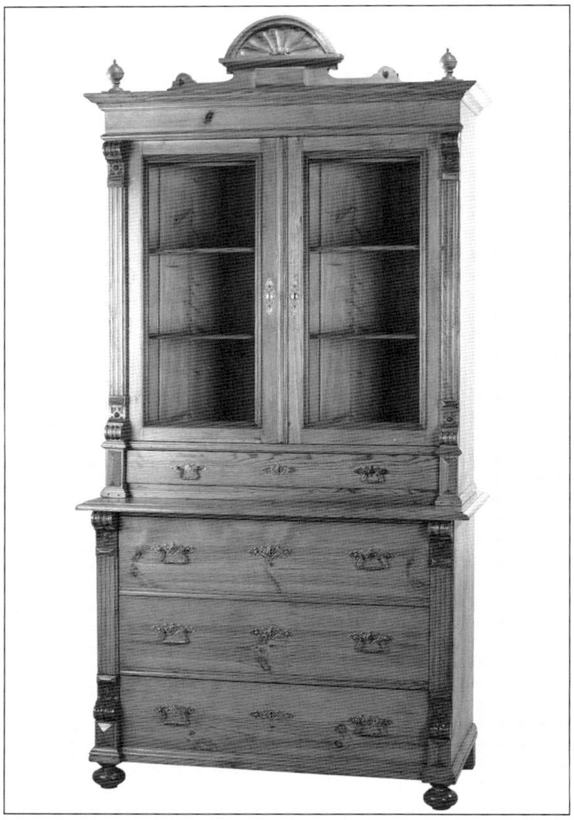

300 VITRINENAUFSATZKOMMODE. Weichholz, um 1890/1900.
1.200 € / 1.500 €

Büffets

Das Büffet ist in aller Regel ein dreiteiliges Möbel, bestehend aus einem zwei- oder dreitürigen Unterteil, einem offenen, meist durch Säulen abgesetzten Mittelteil und einem zweitürigen, stark gegliederten Oberteil.

Es stellt eine der typischsten Möbelarten der Gründerzeit dar. Stilistisch abgeleitet von dem in der Renaissance beliebten Aufsatzschrank, der zur Aufbewahrung von Tischwäsche, Geschirr und Bestecken diente, erlebte das Büffet in der Gründerzeit eine volksweite Wiedergeburt. Ihm kam in der Zeit von 1871 bis 1914 eine wohnkulturell besondere Bedeutung zu. Das Büffet stellte das wichtigste Möbel im repräsentativsten Zimmer des Hauses dar und bildete zugleich den zentralen Ausgangspunkt für die weiteren Einrichtungsbestrebungen. Es war nicht nur das mit Abstand größte Möbel im Wohn- oder Esszimmer, sondern gilt auch als das Objekt, das die Hauptintention gründerzeitlicher Wohnkultur am deutlichsten widerspiegelt: Ornament, Struktur,

301 Büffet. Nussbaum furniert, Berlin, um 1880/90.
14.000 € / 16.500 €

302 Detail von Abb. 301

303 Detail von Abb. 301

Muster, Gliederung und Fülle. Das Büffet, vor allem dessen gutbürgerliche Variante, vereint sämtliche verfügbaren Stilmittel der Schreinerkunst jener Zeit. Hier gilt der Grundsatz: Je größer, je gegliederter, je applizierter und reliefierter, desto erhabener und kostbarer.

Diese Prämisse erfüllen besonders die im Unterbau dreiteilig angelegten Büffets, deren aufwändige Konzeption sich über das offene Mittelteil zum architektonisch korrespondierenden Oberteil und bis hin zur saalhohen Bekrönungsanlage erstreckt. Wenn ein solches Büffet „Nussbaum furniert" gearbeitet ist, vollplastische und reliefierte Zierteile trägt, so gilt es als das Nonplusultra unter den Gründerzeitbüffets. Derartige Büffets erzielen, vorwiegend in Norddeutschland und Berlin, Preise bis zu 15.000,– € und mehr.

Wie bei Schränken ist gerade bei Büffets, selbst bei Objekten der einfachsten Art, davon auszugehen, dass die meisten dieser Möbel im Original mit bekrönendem Abschluss erstellt wurden. Bei vielen erhalten gebliebenen Büffets sind diese aufsteckbaren Kopfteilelemente verlustig, was sich heute empfindlich auf den Verkaufspreis auswirkt.

304 Büffet. Nussbaum furniert und intarsiert. Hersteller: Hof-Möbel-Fabrik Julius Groschkus, Hof-Tischlermeister, Berlin. Auftragsgemäße Sonderanfertigung für die damalige Griechische Botschaft in Berlin, um 1880/90.
16.000 € / 18.000 €

305 Detail von Abb. 304

306 Detail von Abb. 304

307 Uhrenaufsatzbüffet. Nussbaum furniert.
Uhrwerk: Lenzkirch, Berlin, um 1880/90.
14.000 € / 17.000 €

308 Büffet. Nussbaum furniert, Berlin, um 1880/90.
10.000 € / 12.000 €

309 Büffet.
Extremes Breitenmaß 270 cm.
Nussbaum furniert,
Korpus Eiche,
um 1880/90.
11.000 € / 13.000 €

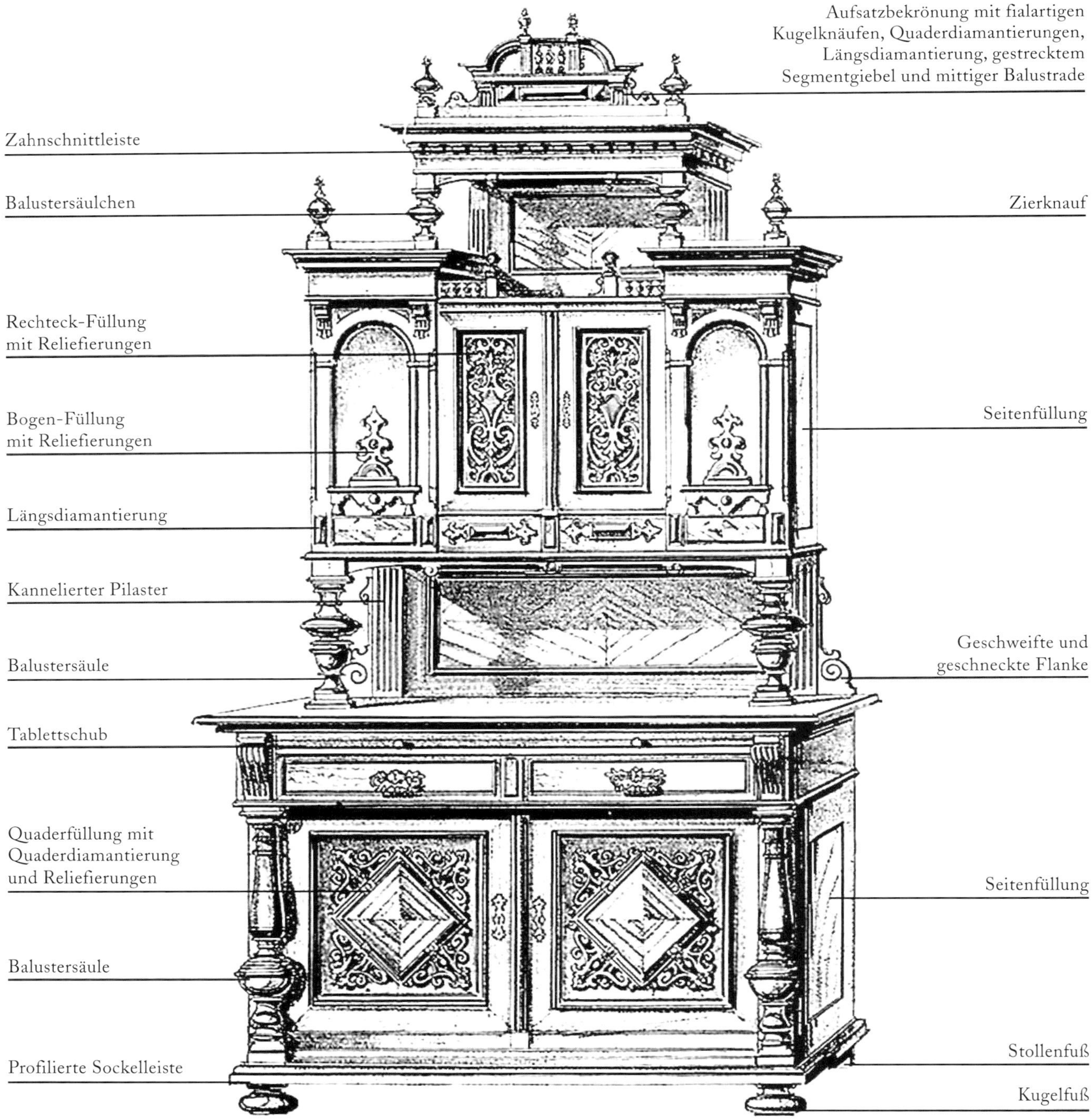

310 Zeitgenössische Zeichnung eines Gründerzeit-Büffets.

Küchenschränke

Man kann sagen, dass jeder Haushalt in der Gründerzeit über mindestens ein Büffet verfügte. Der gut situierte Bürger besaß selbstverständlich ein aufwändiges Büffet aus Nussbaum oder Eiche im Wohn- oder Essbereich. Zusätzlich nutzte er ein minder aufwändiges Büffet im Küchenbereich. Letzteres konnte für diesen Zweck durchaus auch aus Weichholz gearbeitet sein und eine Edelholz imitierende Lasur tragen.

Der arme Arbeiter oder Leute seinesgleichen mussten sich in jedem Fall, selbst in der guten Stube, mit einem Weichholz-Bierlack-Möbel zufrieden geben. Derartige einfache Büffets werden auch Küchenschränke genannt.

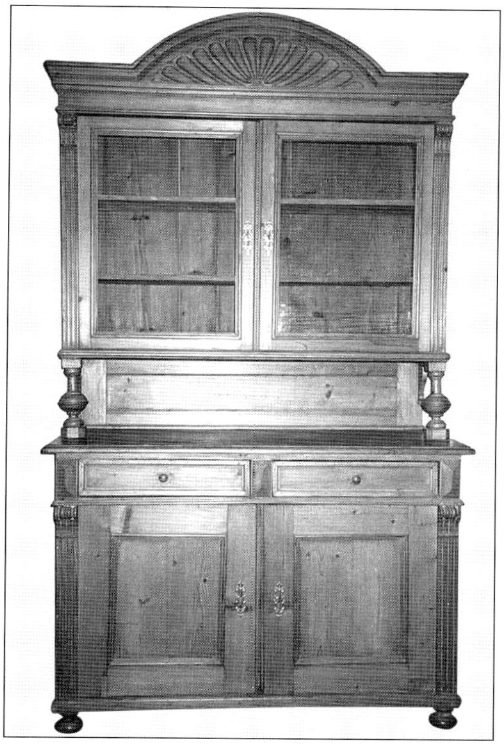

335 Küchenschrank.
Weichholz,
um 1890/1900.
1.500 € / 2.000 €

336 Küchenschrank.
Weichholz,
um 1890/1900.
1.350 € / 1.700 €

337 Küchenschrank.
Weichholz,
um 1890/1900.
1.000 € / 1.300 €

338 Küchenschrank.
Weichholz,
um 1890/1900.
1.100 € / 1.400 €

Anrichten, Aufsatzkredenzen

Unter einer Kredenz versteht man im gründerzeitlichen Kontext die halbhohe Ausprägung des Anrichteschranks. Kredenzen sind zur Breite ausgerichtete Behältnis- und Anrichtemöbel, die zur Unterbringung und Aufstellung des Geschirrs dienen. Im gutbürgerlichen Esszimmer ergänzen sich Büffet und Kredenz zu einer hohen und halbhohen Einrichtungseinheit. Aufsatzkredenzen sind eine dekorative Variante, die einen Aufsatz mit minderem Tiefenmaß und vertikaler Ausrichtung aufweisen.

339 Anrichte. Nussbaum furniert, um 1880/90.
1.900 € / 2.400 €

340 Anrichte. Nussbaum furniert, um 1880/90.
1.100 € / 1.300 €

341 Aufsatzkredenz. Eiche massiv, um 1880/90.
4.000 € / 5.000 €

342 Aufsatzkredenz. Eiche massiv und furniert, um 1880/90.
2.400 € / 2.900 €

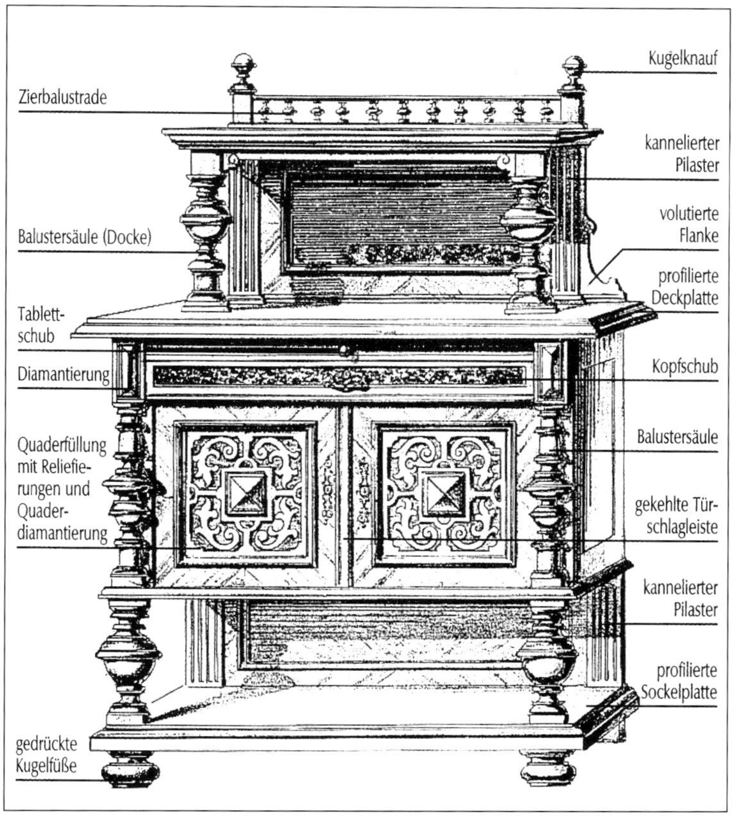

343 Zeitgenössische Zeichnung einer Gründerzeit-Aufsatzkredenz.

344 Aufsatzkredenz. Nussbaum furniert, Berlin, um 1880/90.
2.500 € / 3.000 €

345 Aufsatzkredenz. Eiche massiv und furniert, um 1895.
2.000 € / 2.500 €

346 Aufsatzkredenz. Eiche massiv und furniert, um 1880/90.
1.400 € / 1.700 €

Kabinettschränke, Zierschränke

Als Kabinett- und Zierschränke bezeichnet man in der Gründerzeit solche Möbel, die über den regulären Schrank und das herkömmliche Vertiko hinaus besonders differenziert gestaltet sind und ein eher zierliches Erscheinungsbild aufweisen. Dies drückt sich nicht nur in den bescheideneren Abmessungen aus, sondern mehr noch in der Vielfältigkeit eines stark gegliederten und variantenreich konzipierten Aufbaus. Kabinett- und Zierschränke erfüllen nicht in erster Linie die Funktion eines geräumigen Behältnismöbels. Es geht dabei primär um die „verspielte" Gestaltung eines eher offenen, etagèrenmäßigen Prunkmöbels, das möglichst viele Regale, Konsolen, Zwischenräume, Gefache, Nischen, Türchen, Schublädchen, Klappen und Galerien hat. Derartige Gründerzeit-Möbel wirken alles andere als kastenförmig und funktionsbezogen. Kabinettschränke waren luxuriöse Beigaben für das gehobene, reich ausgestattete Gesellschaftszimmer.

Dass solche Möbel nur aus edlen Hölzern gearbeitet sind und möglichst viel an Applikationen und Zierrat innehaben, liegt auf der Hand. Ihnen heute, nach über 100 Jahren, vollständig erhalten zu begegnen, ist die Ausnahme.

347 **Kabinettschrank.** Nussbaum furniert und intarsiert, Berlin, um 1870/80.
6.200 € / 7.800 €

348 **Kabinettschrank.** Nussbaum furniert, Bronzemedaillon, Berlin, um 1880/90.
5.500 € / 7.000 €

349 KABINETTSCHRANK. Nussbaum furniert,
Berlin, um 1880/90.
5.000 € / 6.000 €

350 KABINETTSCHRANK. Nussbaum furniert. Hersteller:
Hof-Möbel-Fabrik Julius Groschkus, Berlin, um 1880/90.
3.600 € / 4.200 €

351 KABINETTSCHRANK. Nussbaum furniert und intarsiert,
um 1880/90.
4.500 € / 5.500 €

352 KABINETTSCHRANK. Nussbaum furniert,
Berlin, um 1880/90.
3.200 € / 3.800 €

353 **KABINETTSCHRANK.** Nussbaum furniert, Korpus Eiche, Innenteile mit Birkenfurnier, plastisches u. vollplastisches Schnitzwerk. Hersteller: Edwin Metz, Zeulenroda/Thüringen, um 1880/90.
5.000 € / 6.000 €

354 **KABINETTSCHRANK.** Nussbaum furniert. Hersteller: Tischlerei Renzenbrink, Quakenbrück/Ldkr. Osnabrück, dat. 1897.
5.500 € / 7.500 €

355 **KABINETTSCHRANK.** Nussbaum furniert, um 1880/90.
3.200 € / 3.800 €

356 **KABINETTSCHRANK.** Nussbaum massiv und furniert, um 1880/90.
4.000 € / 5.000 €

357 **Kabinettschrank.** Nussbaum furniert, Berlin, um 1880/90.
1.800 € / 2.200 €

358 **Zierschrank.** Nussbaum furniert, Korpus Eiche, um 1880/90.
2.500 € / 3.000 €

359 **Kabinettschrank.** Nussbaum furniert, um 1880/90.
3.800 € / 4.600 €

360 **Kabinettschrank.** Nussbaum furniert, süddeutsch, um 1880/90.
3.500 € / 4.300 €

361 Kabinettschrank. Nussbaum furniert, um 1880/90.
2.700 € / 3.200 €

362 Kabinettschrank. Nussbaum massiv und furniert, um 1880/90.
2.500 € / 3.000 €

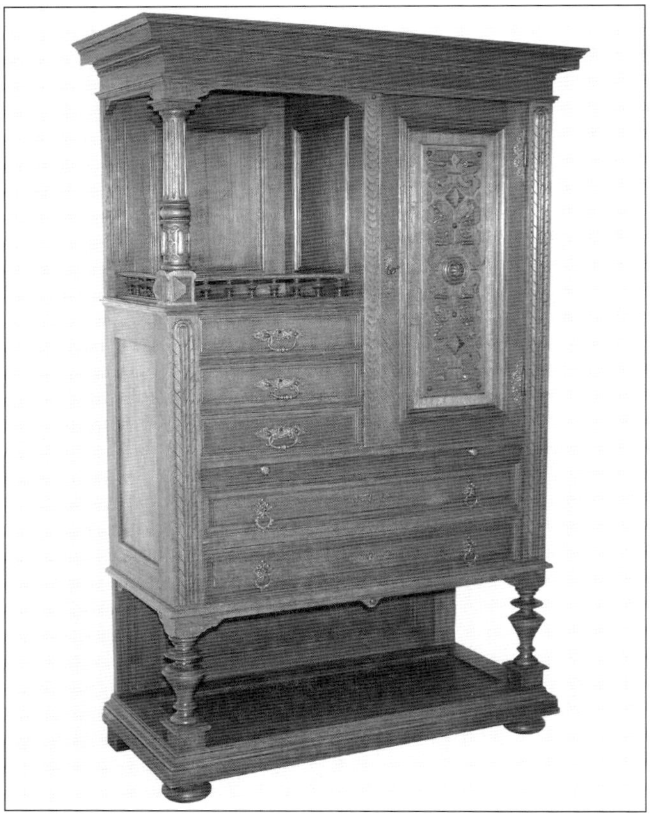

363 Kabinettschrank. Eiche massiv. Hersteller: Möbelfabrik Otto Weinhold, Olbernhau/Erzgebirge, um 1880/90.
2.000 € / 2.500 €

364 Kabinettschrank. Eiche massiv, um 1880/90.
1.900 € / 2.400 €

365 **Kabinettschrank.** Nussbaum furniert, um 1880/90.
3.000 € / 3.600 €

366 **Pfeiler-Zierschränkchen** mit integriertem Waschschrank. Nussbaum furniert, um 1880/90.
1.900 € / 2.300 €

367 **Pfeiler-Zierschränkchen.** Nussbaum furniert, Berlin, um 1880/90.
1.600 € / 1.900 €

368 **Pfeiler-Zierschränkchen.** Nussbaum furniert, um 1880/90.
1.200 € / 1.400 €

Vertikos

Der eigenständigste Möbeltyp, den die Gründerzeit hervorbrachte, ist das Vertiko. Angeblich nach seinem Erfinder oder ersten Verfertiger, einem Berliner Tischler namens Vertikow benannt, nahm dieses Möbel in der Gründerzeit einen ungeahnten Siegeslauf und hielt, mannigfach variiert, Einzug in die Wohnzimmer aller Bevölkerungsschichten.

Das Vertiko zeichnet sich zunächst durch seine schlanke, pfeilerartige Konzeption aus. Dieses vertikal ausgerichtete Behältnismöbel besitzt in seinem Korpus zwei Füllungstüren und einen darüber liegenden Kopfschub samt abschließender Deckplatte. Bis dahin beträgt die Korpushöhe etwa 140 bis 150 cm, was das Vertiko als ein brusthohes Möbel erscheinen lässt. Als typisches Merkmal eines originalen Vertikos kommt ein Aufsatz, d. h. eine ausgeprägt vertikale Bekrönung hinzu. Gerade diese Aufsätze erfuhren in der Gründerzeit höchste Beachtung und wurden variantenreich zum eigentlichen Zierstück eines jeden Vertikos. Den Hauptteil des zurückgesetzten, optisch schmäleren und mit aller Konsequenz vertikal ausgerichteten Aufsatzes bildet die Rückwand. An ihr und auf ihr befinden sich, je nach Aufwändigkeit, nahezu alle denkbaren Stilelemente gründerzeitlicher Bauart. Die Aufsatzrückwand bringt Profile, Füllungen, Spiegelfüllungen, Kassettierungen, Reliefierungen, Kannelierungen, Kugelknäufe, Balustraden und allerlei Applikationen zum Vorschein. Als statisches Moment fungieren zumeist seitlich vorgesetzte Balustersäulen, die zudem weitere Bedachungen ermöglichen und bis hin zu etagèrenmäßigen Anlagen führen.

369 **Aufsatzvertiko.** Nussbaum furniert, Schwarzlotmalerei, um 1880/90.
2.400 € / 2.900 €

370 **Aufsatzvertiko.** Nussbaum furniert, Berlin, um 1880/90.
1.400 € / 1.700 €

Ein solcher Vertikoaufsatz sind ist fest in den Korpus integriert, sondern nur in die Korpusdeckplatte eingesteckt und gegebenenfalls an der Korpusrückwand festgeschraubt. Die lose Zusammenführung von Korpus und Aufsatz und die insgesamt filigrane Art der Aufsätze haben dazu geführt, dass die Bekrönung heute bei vielen Vertikos fehlt. Bis zum höchsten Zierelement vollständig erhalten gebliebene Vertikos gelten als verhältnismäßig selten; folglich gibt es auf dem Antiquitätenmarkt ungleich mehr Vertikos ohne Aufsätze. Aus kunstgeschichtlicher Sicht stellen derartige Möbel eher unbedeutende Zeitdokumente dar, weil ihnen eben ihr Hauptcharakteristikum fehlt. Dennoch haben Vertikos ohne Aufsätze eine Marktberechtigung, da sie einerseits die Funktion praktischer und Raum sparender Behältnismöbel erfüllen und andererseits zugleich die mitunter preisgünstigsten Alternativen dieser Möbelgattung bilden. Bezüglich des Preisunterschiedes zwischen Vertikos mit und ohne Aufsatz kann von folgender Faustregel ausgegangen werden: Vertikos mit Aufsatz kosten grob 500,– € mehr als vergleichbare Vertikos ohne Aufsatz.

Es ist allerdings darauf zu verweisen, dass nicht jedes auf dem Markt befindliche Aufsatzvertiko auch seinen originalen Aufsatz trägt. Wie schon im Kapitel „Vitrinenaufsatzschränke“ ausgeführt, müssen auch bei Vertiko und Aufsatz eindeutige Gemeinsamkeiten hinsichtlich holzrelevanter, stilmittelbezogener und konstruktionstechnischer Faktoren vorherrschen. Neben der Möglichkeit einer „Mariage“ sollte die Eventualität eines komplett neuen, nachgebauten Aufsatzes, was heute kein technisches Problem ist, kritisch ins Auge gefasst werden.

371 AUFSATZVERTIKO. Nussbaum furniert, Berlin, um 1880/90.
2.000 € / 2.500 €

372 VERTIKO. Kirschbaum furniert, um 1880/90.
1.300 € / 1.700 €

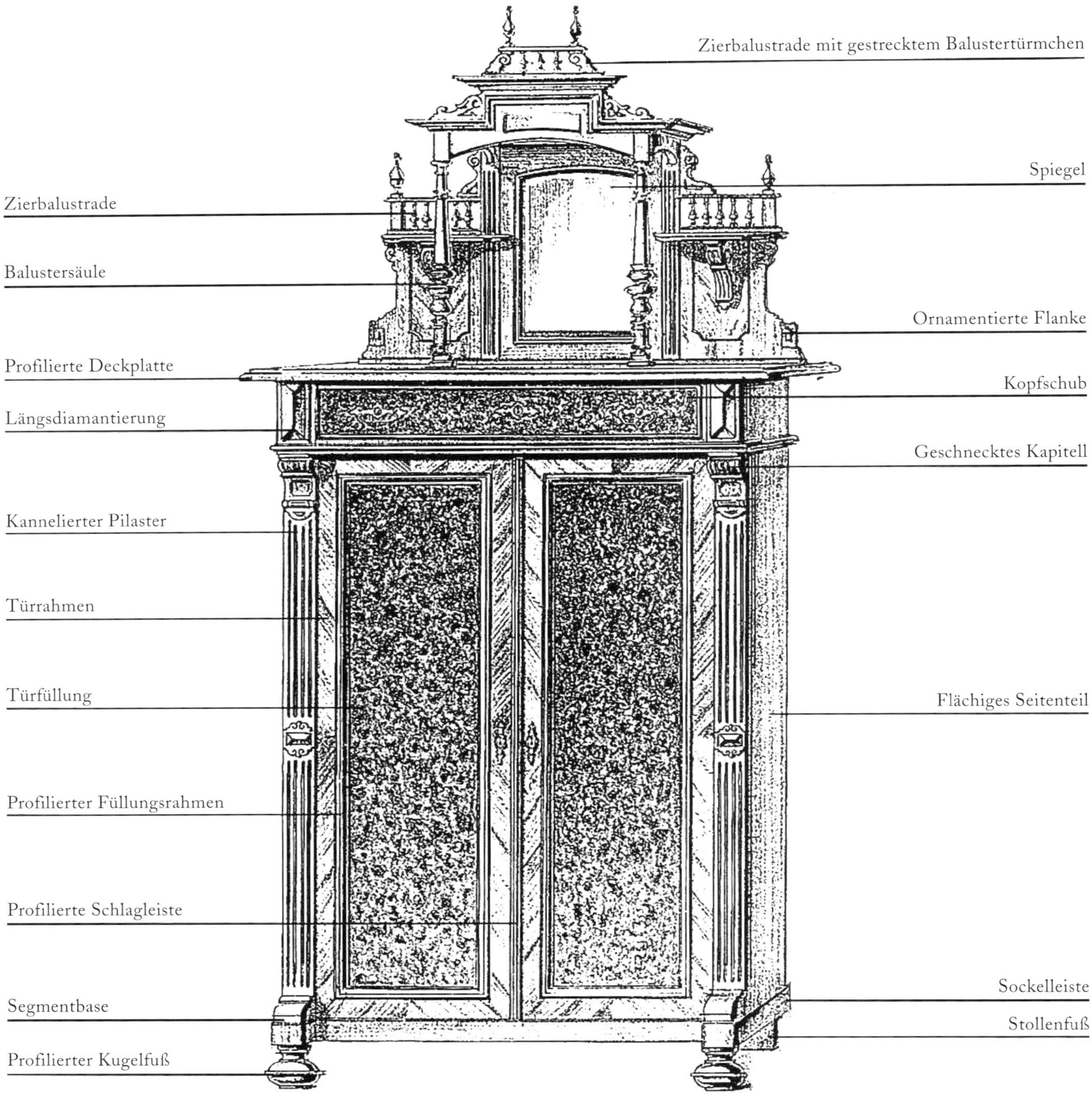

373 Zeitgenössische Zeichnung eines standardisierten Gründerzeit-Aufsatzvertikos.

374 AUFSATZVERTIKO. Kirschbaum furniert, um 1880/90.
1.900 € / 2.400 €

375 AUFSATZVERTIKO. Nussbaum furniert, um 1880/90.
1.400 € / 1.700 €

376 AUFSATZVERTIKO. Nussbaum furniert, um 1880/90.
1.800 € / 2.300 €

377 AUFSATZVERTIKO. Nussbaum furniert, um 1880/90.
1.400 € / 1.700 €

378 AUFSATZVERTIKO. Nussbaum furniert, um 1880/90.
1.300 € / 1.600 €

379 AUFSATZVERTIKO. Nussbaum furniert, um 1880/90.
1.300 € / 1.600 €

380 AUFSATZVERTIKO. Nussbaum furniert, um 1880/90.
1.300 € / 1.600 €

381 AUFSATZVERTIKO. Nussbaum furniert, um 1880/90.
1.250 € / 1.500 €

382 Aufsatzvertiko. Nussbaum furniert, um 1880/90.
1.250 € / 1.500 €

383 Aufsatzvertiko. Nussbaum furniert, um 1880/90.
1.250 € / 1.500 €

384 Aufsatzvertiko. Nussbaum furniert, um 1880/90.
1.250 € / 1.500 €

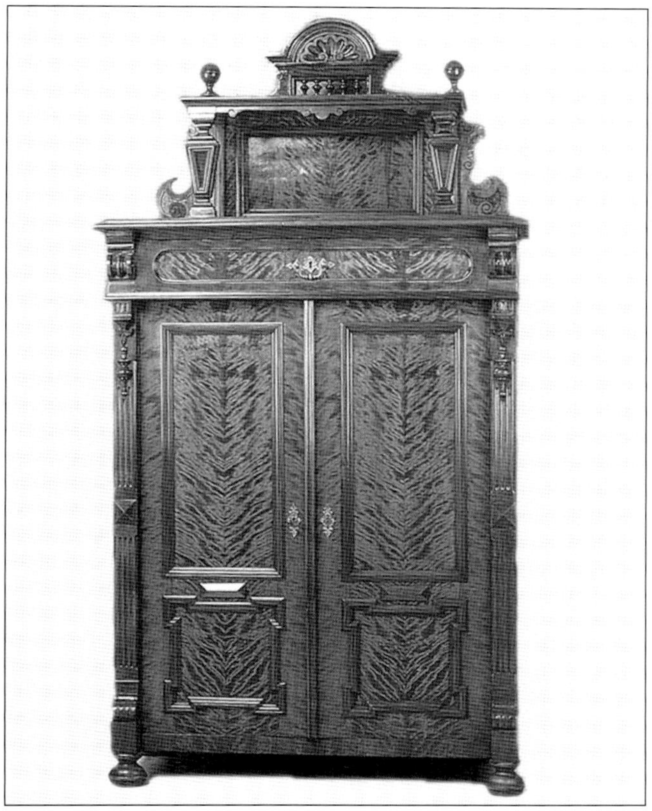

385 Aufsatzvertiko. Birke furniert, um 1880/90.
1.000 € / 1.350 €

386 AUFSATZVERTIKO. Weichholz mit originaler Bierlackbemalung, Nussbaumfurnier imitiert, um 1880/90.
1.500 € / 2.000 €

387 AUFSATZVERTIKO. Weichholz, um 1880/90.
1.600 € / 2.000 €

388 AUFSATZVERTIKO. Weichholz, um 1890/1900.
1.500 € / 1.900 €

389 AUFSATZVERTIKO. Weichholz, um 1890/1900.
950 € / 1.200 €

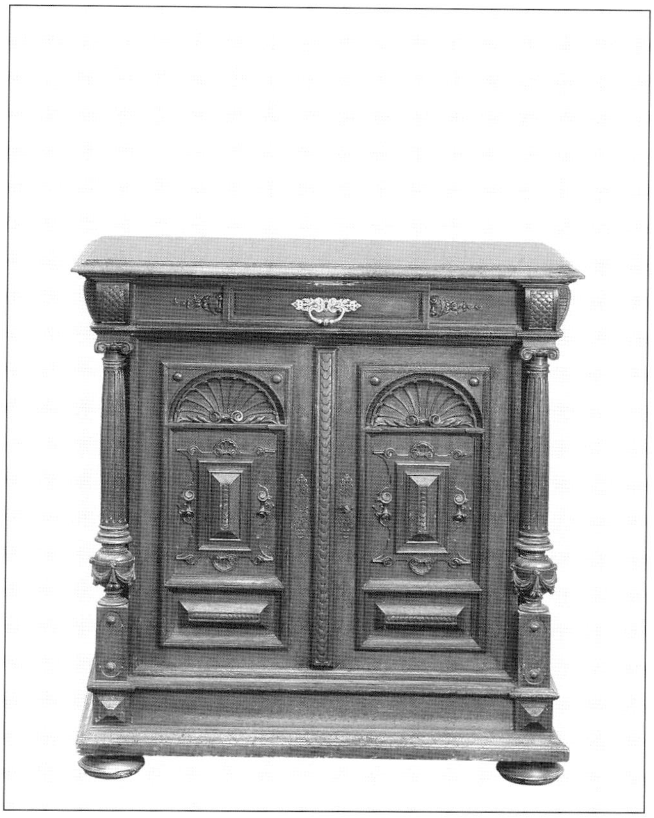

390 Vertiko. Nussbaum furniert, Berlin, um 1880/90.
1.800 € / 2.200 €

391 Vertiko. Eiche massiv. Hersteller: Hof-Möbel-Fabrik Julius Groschkus, Hof-Tischlermeister, Berlin, dat. 1885.
1.800 € / 2.200 €

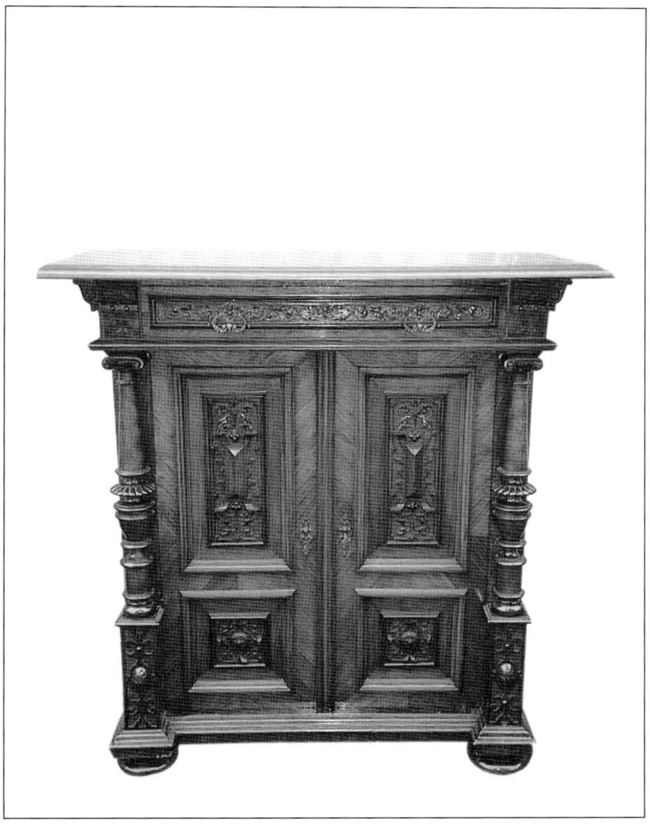

392 Vertiko. Nussbaum furniert, um 1880/90.
1.400 € / 1.900 €

393 Vertiko. Nussbaum furniert, ausgefallene Messingmedaillons, um 1880/90.
1.400 € / 1.900 €

394 **Vertiko.** Nussbaum furniert, Korpus Eiche. Hersteller: Möbeltischler Wilhelm Duda, Gelsenkirchen, um 1880/90.
1.400 € / 1.900 €

395 **Vertiko.** Nussbaum furniert, um 1880/90.
1.400 € / 1.900 €

396 **Vertiko.** Nussbaum furniert, um 1880/90.
1.300 € / 1.650 €

397 **Vertiko.** Nussbaum furniert, um 1880/90.
1.300 € / 1.650 €

398 **Vertiko.** Nussbaum furniert, um 1880/90.
1.300 € / 1.650 €

399 **Vertiko.** Eiche massiv, um 1880/90.
1.000 € / 1.200 €

400 **Vertiko.** Nussbaum furniert, um 1880/90.
900 € / 1.100 €

401 **Vertiko.** Nussbaum furniert, um 1880/90.
900 € / 1.100 €

402 VERTIKO. Weichholz, um 1880/90.
1.200 € / 1.500 €

403 VERTIKO. Weichholz, um 1890/1900.
900 € / 1.100 €

404 VERTIKO. Weichholz, um 1890/1900.
850 € / 1.000 €

405 VERTIKO. Weichholz, um 1890/1900.
700 € / 900 €

Eckmöbel

Wie in allen anderen Stilepochen sind Eckmöbel exklusive Varianten der gehobenen Wohnkultur. Aufgrund ihrer schreinertechnisch aufwändigen Bauweise waren derartige Möbel nur einer zahlungskräftigen Klientel vorbehalten. Nur wenige konnten sich den Luxus leisten, ein über Eck konstruiertes Möbel individuell anfertigen zu lassen. Ungeachtet des Möbeltyps sind Eckmöbel sicherlich nicht wegen begrenztem Wohnraum entstanden, sondern vielmehr um der wohnästhetischen Vervollkommnung willen.

Auch heute zählen Eckmöbel zu den gesuchten Sammlerstücken und befinden sich durchweg in höheren Preislagen.

406 Eckvitrinenschrank.
Nussbaum furniert.
Hersteller: Hof-Möbel-Fabrik J. Gluckert, Darmstadt, um 1885.
5.500 € / 6.500 €

407 Eckbank in L-Form mit Überbau.
Nussbaum massiv und furniert, plastisches und vollplastisches Schnitzwerk, um 1880/90.
11.000 € / 13.000 €

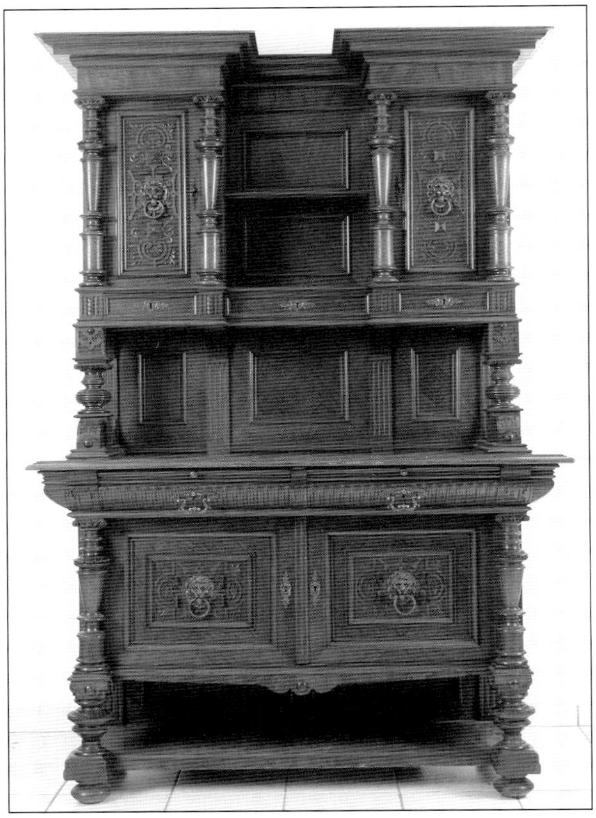

408 Eckaufsatzschrank. Nussbaum furniert. Hersteller: Hof-Möbel-Fabrik Julius Groschkus, Berlin, um 1880/90.
4.000 € / 5.000 €

409 Eckvitrinenschrank mit Geheimfächern. Nussbaum furniert, um 1880/90.
5.500 € / 6.500 €

410 Ecketagèrenschrank. Nussbaum furniert, süddeutsch, um 1880/90.
2.000 € / 2.500 €

411 Eckaufsatzvertiko. Eiche massiv, um 1880/90.
3.000 € / 4.000 €

Kommoden, Pfeilerkommoden

Dieser seit dem Barock über alle nachfolgenden Stile hinweg weit verbreitete und beliebte Möbeltyp fand auch in der Gründerzeit Wertschätzung. Kommoden kamen allerdings in der Gründerzeit bei weitem nicht so häufig vor wie in vorangegangenen Epochen, zumindest was ihre Verwendung in Wohn- und Esszimmern anbelangte. Das ist darin begründet, dass dieses halbhohe Behältnismöbel von den Möbeltypen „Vertiko" und „Halbschrank" in den genannten Wohnbereichen eindeutig zurückgedrängt wurde.

Wie Halbschränke gehören Kommoden zu den wenigen Gründerzeit-Behältnismöbeln, die mit Abschluss ihrer Deckplatte keine vertikale Weiterführung aufweisen. Die gründerzeitlichen Stilmittel befinden sich bei Kommoden hauptsächlich an den Lisenen. Dort ist der Platz für die typischen Pilaster- und Säulenanlagen.

Gründerzeit-Kommoden haben wie alle anderen Behältnismöbel dieser Zeit kantige Korpusse, die kubenartig erscheinen. Denkt man sich die Applikationen an den Lisenen, die teils vorhandenen Schubladenprofilierungen und das verzierte Beschlagwerk weg, erinnern die häufigsten Korpusanlagen an schlichte Biedermeier-Kommoden von 1825/30. Vielleicht mögen diese prinzipielle Schlichtheit und die fehlende vertikale Weiterführung Gründe dafür sein, warum Kommoden nicht unbedingt zu den Hauptmöbeln gründerzeitlicher Wohn- und Esszimmer zählen und somit eben der primären Stilintention nur wenig entsprechen.

Im Wesentlichen sind Gründerzeit-Kommoden drei- bis vierschübig gebaut, wobei vierschübige Kommoden preislich etwas höher bewertet werden. Kommen weitere Schubladen hinzu und nimmt die Kommode somit den Charakter einer so genannten Herrenkommode oder Pfeilerkommode an, wirkt sich dies merklich auf den Preis aus.

Nuancierte Preisunterschiede gibt es jedoch auch bei drei- und vierschübigen Kommoden. Eine wichtige Rolle spielt dabei die oberste Schublade und deren vorgesetzte Art, die eine Konstruktionsbasis für seitliche, auffällige Säulen- und Pilasteranlagen bildet. Kommoden mit vorgesetzten Kopfschüben und daraus resultierenden seitlichen Vollsäulen werden preislich am besten bewertet.

Wie bei fast allen Gründerzeit-Behältnismöbeln sind auch für Kommoden randprofilierte Deckplatten und profilierte Kugelfüße obligatorisch.

412 Kommode. Nussbaum furniert, um 1880/90.
1.000 € / 1.200 €

413 Kommode. Weichholz, um 1890/1900.
650 € / 850 €

414 **Kommode.** Nussbaum furniert, um 1880/90.
1.000 € / 1.250 €

415 **Kommode.** Nussbaum massiv und furniert, um 1880/90.
1.000 € / 1.250 €

416 **Kommode.** Nussbaum furniert, um 1880/90.
1.000 € / 1.200 €

417 **Kommode.** Nussbaum furniert, um 1880/90.
950 € / 1.150 €

418 **Kommode.** Nussbaum furniert, um 1880/90.
800 € / 1.000 €

419 **Kommode.** Nussbaum massiv, um 1880/90.
850 € / 1.100 €

420 Kommode. Eiche massiv, um 1880/90.
900 € / 1.100 €

421 Kommode. Eiche massiv, um 1880/90.
900 € / 1.100 €

422 Kommode. Kirschbaum massiv, um 1880/90.
1.100 € / 1.400 €

423 Kommode. Kirschbaum massiv, um 1880/90.
1.000 € / 1.300 €

424 Kommode. Nussbaum furniert, um 1880/90.
700 € / 900 €

425 Kommode. Birke furniert, um 1880/90.
700 € / 900 €

426 **Kommode.** Weichholz, um 1880/90.
1.000 € / 1.250 €

427 **Kommode.** Weichholz, um 1890/1900.
850 € / 1.050 €

428 **Kommode.** Weichholz, um 1880/90.
800 € / 1.000 €

429 **Kommode.** Weichholz, um 1880/90.
800 € / 1.000 €

430 **Kommode.** Weichholz, um 1890/1900.
800 € / 1.000 €

431 **Kommode.** Weichholz, um 1890/1900.
750 € / 950 €

432 Kommode. Weichholz, um 1890/1900.
750 € / 950 €

433 Kommode. Weichholz, um 1890/1900.
700 € / 900 €

434 Kommode. Weichholz, um 1890/1900.
700 € / 900 €

435 Kommode. Weichholz, um 1890/1900.
700 € / 900 €

436 Kommode. Weichholz, um 1890/1900.
650 € / 850 €

437 Kommode. Weichholz, um 1890/1900.
650 € / 850 €

438 PFEILERKOMMODE.
Nussbaum furniert,
um 1880/90.
2.300 € / 2.800 €

439 PFEILERKOMMODE.
Nussbaum furniert,
um 1880/90.
2.100 € / 2.600 €

440 PFEILERKOMMODE.
Nussbaum furniert,
um 1880/90.
2.000 € / 2.500 €

441 PFEILERKOMMODE.
Nussbaum furniert,
um 1880/90.
2.000 € / 2.500 €

442 PFEILERKOMMODE.
Weichholz,
um 1890/1900.
1.300 € / 1.600 €

443 PFEILERKOMMODE.
Weichholz,
um 1890/1900.
1.000 € / 1.300 €

Spiegelaufsatzkommoden

Spiegelaufsatzkommoden gelten als typische Schlafzimmer-Möbel, die in der Gründerzeit niemals im Wohnbereich aufgestellt waren. Sie dienten zunächst zur Aufbewahrung von Wäsche.

Hinsichtlich des Spiegelaufsatzes und der oft aus Marmor bestehenden Deckplatte stand ein derartiges Möbel in unmittelbarem Zusammenhang mit der Körperpflege. Das Lavoir (Waschschüssel) gehörte obligatorisch zur Spiegelaufsatzkommode und diese Einheit ergaben die alternative Waschgelegenheit zur Küche bzw. zum (oft nicht vorhandenen) Badezimmer.

444 Spiegelaufsatzkommode.
Mahagoni furniert, um 1880/90.
1.100 € / 1.400 €

445 Spiegelaufsatzkommode.
Ahorn furniert, um 1880/90.
1.000 € / 1.200 €

446 Spiegelaufsatzkommode.
Nussbaum furniert, um 1880/90.
1.000 € / 1.200 €

447 Spiegelaufsatzkommode.
Weichholz, um 1890/1900.
900 € / 1.150 €

Halbschränke

Als Halbschränke bezeichnet man halbhohe Behältnismöbel, die unten zwei Türen und oben in der Regel eine, vereinzelt auch zwei nebeneinander liegende Schubladen haben. Die Grundform des Halbschrankes ist schmäler und schlanker als die der Kommode. Wie Kommoden kennen Halbschränke keine vertikale Weiterführung, sondern enden plan mit ihrer randprofilierten Deckplatte. Gründerzeitliche Stilelemente, wie sie sich in den Applikationen zeigen, kommen auch hier an den Lisenen zum Ausdruck. Im Vergleich zur Kommode allerdings verfügt der Halbschrank über eine Fläche, welche weiteren geeigneten Platz für stiltypische Verzierungen schafft, nämlich die Türfüllungen. Halbschränke der gehobenen Klasse zeigen sich dort mit Reliefierungen oder zumindest mit ausgesuchtem dynamischem Maserfurnier.

Der untere Türraum von Halbschränken ist zumeist mit ein bis zwei Regalböden unterteilt und ergibt somit Stauraum für sperrige Gegenstände.

Gründerzeit-Halbschränke, -Kommoden, -Vertikos und größtenteils auch -Schränke haben darüber hinaus die stiltypische Gemeinsamkeit, dass ihre Seitenteile ungegliedert und unverziert, also flächig erscheinen.

448 **Halbschrank.** Nussbaum furniert, um 1880/90.
900 € / 1.100 €

449 **Halbschrank.** Nussbaum furniert, um 1880/90.
800 € / 1.000 €

450 **Halbschrank.** Nussbaum furniert, süddt., um 1880/90.
900 € / 1.100 €

451 **Halbschrank.** Kirschbaum furniert, um 1880/90.
800 € / 1.000 €

452 Halbschrank. Nussbaum furniert, um 1880/90.
800 € / 1.000 €

453 Halbschrank. Nussbaum furniert, um 1880/90.
700 € / 900 €

454 Halbschrank. Nussbaum furniert, um 1880/90.
700 € / 900 €

455 Halbschrank. Nussbaum furniert, um 1880/90.
700 € / 900 €

456 Halbschrank. Eiche massiv, um 1880/90.
750 € / 950 €

457 Halbschrank. Nussbaum furniert, um 1880/90.
600 € / 800 €

458 HALBSCHRANK. Weichholz, um 1890/1900.
800 € / 1.000 €

459 HALBSCHRANK. Weichholz, um 1890/1900.
750 € / 950 €

460 HALBSCHRANK. Weichholz, um 1890/1900.
500 € / 700 €

461 HALBSCHRANK. Weichholz, um 1890/1900.
500 € / 700 €

462 HALBSCHRANK. Weichholz, um 1890/1900.
500 € / 700 €

463 HALBSCHRANK. Weichholz, um 1890/1900.
500 € / 700 €

Waschschränkchen, Nachtschränkchen

Das Waschschränkchen hat eine noch schmälere Form als der Halbschrank.

Die Anlage des Unterteils von Waschschränkchen ist prinzipiell mit der des Halbschrankes identisch, indem unten ebenfalls eine Tür vorhanden ist. Der wesentliche Unterschied zum Halbschrank besteht in der Funktion des Kopfteiles, das für die Unterbringung einer Waschgelegenheit, z. B. Waschschüsseln oder Waschlavoirs, angelegt ist. Dafür wird die Deckplatte so konstruiert, dass diese mit einer integrierten Schubladenblende nach hinten aufklappbar ist. Das heißt, eine Schublade existiert im Kopfteil nicht; die Schubladenfront besteht lediglich aus einer Blende. Dadurch entsteht der notwendige Platz für die Waschutensilien.

Einige solcher Waschschränkchen kompensieren die im Kopfteil nicht vorhandene Schublade mit einem unterhalb der Blende arrangierten schmalen Schub.

Waschschränkchen sind wie die nachfolgenden Nachtschränkchen ausgesprochene Schlafzimmermöbel.

464 Waschschränkchen (geöffnet).
Aufklappbare Deckplatte.
Nussbaum furniert, um 1880/90.
500 € / 700 €

465 Waschschränkchen (geöffnet).
Aufklappbare Deckplatte.
Weichholz, um 1890/1900.
400 € / 600 €

466 Waschschränkchen.
Aufklappbare Deckplatte.
Weichholz, um 1890/1900.
400 € / 600 €

467 Nachtschränkchen.
Eiche massiv, um 1880/90.
300 € / 380 €

468 Nachtschränkchen.
Kirschbaum massiv, um 1890/1900.
250 € / 350 €

469 Nachtschränkchen.
Nussbaum furniert, um 1880/90.
200 € / 300 €

470 Nachtschränkchen.
Nussbaum furniert, um 1880/90.
200 € / 300 €

471 Nachtschränkchen.
Nussbaum furniert, um 1890/1900.
200 € / 250 €

472 Nachtschränkchen.
Eiche massiv, um 1890/1900.
200 € / 250 €

473 Nachtschränkchen.
Weichholz, um 1890/1900.
200 € / 250 €

474 Nachtschränkchen.
Weichholz, um 1890/1900.
150 € / 220 €

475 Nachtschränkchen.
Weichholz, um 1900.
150 € / 220 €

494 Vitrinenaufsatzsekretär. Rüster furniert, Innenteil Mahagoni furniert, um 1880/90.
2.600 € / 3.200 €

495 Vitrinenaufsatzsekretär. Eiche massiv, Innenteil Weichholz, um 1880/90.
2.600 € / 3.200 €

496 Vitrinenaufsatzsekretär. Weichholz, signiert und datiert M. Braun, Nürnberg, 1899.
2.500 € / 3.200 €

497 Vitrinenaufsatzsekretär. Weichholz, Innenteil Nussbaum furniert, um 1880/90.
2.400 € / 2.900 €

498 Vitrinenaufsatzsekretär. Weichholz, Innenteil Kirschbaum massiv, um 1890/1900.
2.200 € / 2.800 €

499 Vitrinenaufsatzsekretär. Weichholz, Innenteil Esche massiv, um 1890/1900.
1.800 € / 2.300 €

500 Vitrinenaufsatzsekretär. Weichholz, um 1890/1900.
2.200 € / 2.700 €

501 Aufsatzsekretär. Weichholz, um 1890/1900.
1.900 € / 2.400 €

Herrenaufsatzschreibtische, Herrenschreibtische

Das meistverbreitete Schreibmöbel der Gründerzeit ist der Schreibtisch. Er erscheint entweder als halbhohes Schreibmöbel ohne Aufsatz oder als Aufsatzschreibtisch mit entsprechend vertikaler Weiterführung.

Den gewöhnlichen halbhohen Schreibtisch, der das Unterteil mit Seitenkästen und Türen, das Oberteil mit Schreibplatte und integrierten Schubläden ausgestattet hat, bezeichnet man als Herrenschreibtisch. Derartige Herrenschreibtische haben in der Regel ein mittleres bis großes Breitenmaß (ca. 140 – 180 cm) und ein entsprechendes Tiefenmaß (ca. 50 – 80 cm). Sie können allseitig, also für den freien Raum, gearbeitet oder nur dreiseitig mit einer ungestalteten Rückseite für die Wand konzipiert sein.

Doch nicht jeder halbhohe Herrenschreibtisch ist im Original als solcher entstanden. Vielen halbhohen Möbeln dieser Art fehlen die ursprünglich dazugehörenden Aufsätze. Soweit die Schreibplatte des betreffenden Möbels nicht neu furniert oder gar ganz erneuert ist, lässt sich die tatsächliche Originalkonzeption unschwer daran erkennen, dass an den seitlichen und hinteren Rändern der Schreibplatte Spuren von Bohrungen für die Befestigung des Aufsatzes mit Holzzapfen zum Vorschein kommen. Vereinzelt fallen auch in der Plattenoberfläche hellere Auflagekonturen eines Aufsatzes ins Auge, der sich über Jahre dort befand.

Festzuhalten bleibt die Tatsache, dass die heute marktgängigen, halbhohen Herrenschreibtische im Original sowohl ohne als auch mit Aufsatz oder Ziergalerie gebaut wurden.

Halbhohe Herrenschreibtische stellen unter den Schreibtischvarianten die preisgünstigsten Alternativen dar. Wesentlich höhere Preise erzielen Herrenaufsatzschreibtische. Dies gilt besonders dann, wenn sie aufwändig gestaltete und differenzierte, funktionale Aufsätze tragen.

502 Herrenaufsatzschreibtisch. Nussbaum furniert, Berlin, um 1880/90.
4.200 € / 5.000 €

503 Herrenaufsatzschreibtisch. Eiche massiv, um 1880/90.
2.500 € / 3.000 €

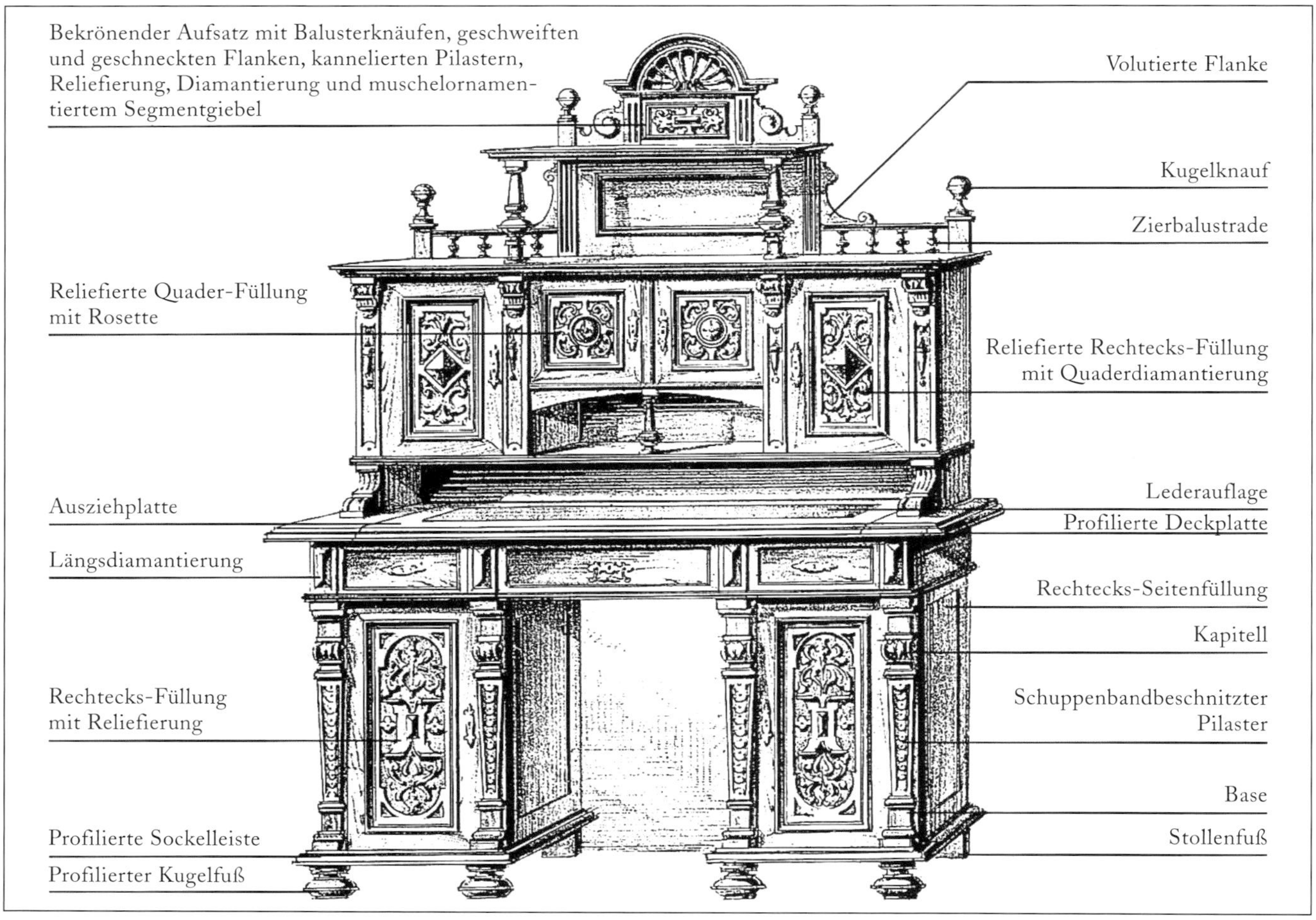

504 Zeitgenössische Zeichnung eines Gründerzeit-Herrenaufsatzschreibtisches.

505 Herren aufsatzschreibtisch. Eiche massiv, um 1880/90. 2.000 € / 2.500 €

506 Herrenaufsatzschreibtisch. Schreibplatte ausziehbar. Nussbaum furniert, um 1880/90.
3.000 € / 3.600 €

507 Herrenaufsatzschreibtisch. Schreibplatte ausziehbar. Nussbaum furniert, um 1880/90.
2.800 € / 3.400 €

508 Herrenaufsatzschreibtisch. Nussbaum furniert, Berlin, um 1880/90.
2.600 € / 3.200 €

509 Herrenaufsatzschreibtisch. Schreibplatte ausziehbar. Nussbaum furniert, um 1880/90.
2.200 € / 2.900 €

510 HERRENAUFSATZSCHREIBTISCH. Nussbaum furniert, um 1880/90.
2.000 € / 2.500 €

511 HERRENAUFSATZSCHREIBTISCH. Schreibplatte ausziehbar. Eiche massiv und furniert, um 1880/90.
1.700 € / 2.200 €

512 HERRENAUFSATZSCHREIBTISCH. Nussbaum furniert, um 1880/90.
1.700 € / 2.200 €

513 HERRENAUFSATZSCHREIBTISCH. Schreibplatte ausziehbar. Nussbaum furniert, um 1880/90.
1.700 € / 2.200 €

560 Esstisch. Nussbaum furniert, um 1880/90.
1.100 € / 1.400 €

561 Esstisch. Nussbaum massiv und furniert, um 1880/90.
1.100 € / 1.400 €

562 Esstisch. Nussbaum massiv und furniert, um 1880/90.
1.100 € / 1.400 €

563 Esstisch. Nussbaum furniert, um 1880/90.
900 € / 1.100 €

564 Esstisch. Ausziehbar. Nussbaum massiv, um 1880/90.
700 € / 900 €

565 Esstisch. Eiche massiv, um 1880/90.
900 € / 1.200 €

566 ESSTISCH. Eiche massiv und furniert, um 1880/90.
1.100 € / 1.400 €

567 ESSTISCH. Eiche massiv und furniert, um 1880/90.
850 € / 1.100 €

568 ESSTISCH. Eiche massiv, um 1880/90.
850 € / 1.100 €

569 ESSTISCH. Lindenholz massiv, um 1880/90.
1.000 € / 1.250 €

570 ESSTISCH. Ausziehbar. Weichholz und Buche, um 1890/1900.
800 € / 1.000 €

571 ESSTISCH. Weichholz und Buche, um 1890/1900.
550 € / 650 €

Salontische

Salontische unterscheiden sich von Esstischen in Größe, Form und Gestaltung. Im Vergleich zu Esstischen sind Salontische wesentlich kleiner und haben zumeist keine rechteckige, sondern achteckige oder längsovale Form. Dabei ist als stiltypische Besonderheit festzustellen, dass die Hauptfläche des Tisches ein Rechteck ergibt, das jedoch durch die an den Querseiten verjüngt angesetzten Halbkreise optisch zu einem Längsoval wird.

Bei diesem Tischtyp sind als gestellformende Elemente häufig zwei Baluster mit Fußstrebe und stützenden Volutenbeinen vorhanden.

An dem achteckigen Salontisch befindet sich in aller Regel ein vierbeiniges Balustergestell mit Fußstreben. Salontische sind insgesamt verzierter und zierlicher als Esstische. Sie sind für das Wohn-, Damen- oder Herrenzimmer konzipiert und übernehmen die Funktion eines Sofa- oder Sitzgruppentisches. In kleiner Ausführung können Salontische auch als Kaffee-, Rauch-, Lese- oder Beistelltische ihren Zweck erfüllen.

Jedenfalls bietet selbst der größere Salontisch bestenfalls vier Stühlen die Anstellmöglichkeiten, wobei die Stühle zwecks Wahrung der Proportionen von zierlicher und graziler Art sein müssen und nun peripher angestellt werden können.

572 Salontisch. Nussbaum massiv und furniert, um 1880/90.
1.000 € / 1.200 €

573 Salontisch. Seltene oktogonalgerundete Platte. Nussbaum furniert, Berlin, um 1880/90.
1.200 € / 1.400 €

574 Salontisch. Nussbaum furniert, um 1880/90.
850 € / 1.100 €

575 Salontisch. Eiche massiv und furniert. Hersteller: Möbelfabrik Julius Köhler Nachfolger, Chemnitz, um 1880/90.
700 € / 900 €

576 **SALONTISCH.** Nussbaum furniert, um 1880/90.
1.100 € / 1.400 €

577 **SALONTISCH.** Nussbaum furniert, um 1880/90.
1.000 € / 1.300 €

578 **SALONTISCH.** Nussbaum furniert, um 1880/90.
1.000 € / 1.300 €

579 **SALONTISCH.** Nussbaum furniert, um 1880/90.
900 € / 1.200 €

580 **SALONTISCH.** Eiche massiv und Nussbaum furniert, Buche massiv, um 1880/90.
800 € / 1.000 €

581 **SALONTISCH.** Nussbaum furniert, feine Aderschnitzereien mit Goldauflage, um 1880/90.
1.100 € / 1.400 €

Nähtische

Während im Biedermeier und Louis-Philippe Nähtische in nahezu allen Grundformen vorkommen, kennt der Gründerzeit-Nähtisch eigentlich nur eine Form, und zwar die rechteckige.

Die Beine von Nähtischen der Gründerzeit sind obligatorisch balusterartig. Zumeist auf Brückenfüßen, vereinzelt auch auf Volutenfüßen stehend, bilden zwei oder vier stark gegliederte Balusterbeine das Gestell, welches durch eine Fußstrebe stabilisiert wird. Andere Gestellformen sind die Ausnahme. Beim Nähtisch kann gründerzeitliches Stilempfinden am besten am Gestell zum Ausdruck gebracht werden, denn Platte und Zargenkorpus geben wenig Platz für Zierrat her. Eine der wenigen Möglichkeiten, um stiltypische Applikationen anzubringen, bieten die Lisenen. Demnach ergibt sich die Aufwändigkeit eines Gründerzeit-Nähtisches primär durch das Gestell.

Zu den aufwändigsten Nähtischen zählen solche, die zwei übereinander liegende Schubladen besitzen und somit in aller Regel differenzierte Inneneinrichtungen vorweisen können. Nähtische der einfacheren Art sind mit vier unverstrebten Balusterbeinen gestaltet.

Nähtische zählen, wie in vielen anderen Epochen, auch in der Gründerzeit zu den seltenen grazilen Kleinmöbeln, die sich in Relation zu gewöhnlichen Schränken, Halbschränken oder Kommoden in gehobenen Preislagen bewegen.

582 **Nähtisch.** Nussbaum furniert, Berlin, um 1880/90.
1.400 € / 1.700 €

583 **Nähtisch.** Dreh- und klappbare Platte. Nussbaum furniert, um 1880/90.
1.300 € / 1.500 €

584 **Nähtisch.** Nussbaum furniert und intarsiert, um 1880/90.
1.200 € / 1.400 €

585 **Nähtisch.** Doppelschubanlage. Nussbaum furniert, um 1880/90.
900 € / 1.150 €

586 **Nähtisch.** Doppelschubanlage. Nussbaum furniert, um 1890/1900.
850 € / 1.100 €

587 **Nähtisch.** Nussbaum furniert, um 1880/90.
800 € / 1.000 €

588 Nähtisch. Nussbaum furniert,
um 1880/90.
1.000 € / 1.200 €

589 Nähtisch. Nussbaum furniert,
um 1880/90.
750 € / 950 €

590 Nähtisch. Nussbaum furniert und intarsiert,
um 1880/90.
900 € / 1.100 €

591 Nähtisch. Nussbaum furniert,
um 1880/90.
1.000 € / 1.200 €

Spieltische

Spieltische gelten als seltene, luxuriöse Kleinmöbel mit oft unikatem Charakter. Das Hauptmerkmal von Spieltischen ist deren zweifache Verwendungsmöglichkeit. Ein zumeist klapp- und drehbarer Plattenmechanismus ermöglicht den Gebrauch des Möbels als zusammengeklappter, Raum sparender Konsol- oder Beistelltisch. Des Weiteren lässt sich das gleiche Möbel als Spieltisch verwenden, sobald die verwandelbare Platte in Position gebracht ist.

Ein derartiger Dreh-Klapp-Mechanismus funktioniert wie folgt: Die klappbare Plattenhälfte liegt lose auf der drehbaren unteren Plattenhälfte, die lediglich durch einen Holzzapfen mit dem Zargenrahmen verbunden ist. Beide zusammengeklappten Plattenhälften können nach einer Längsseite gedreht werden mit der Folge, dass die oberseitige klappbare Hälfte, statt wie bisher rückwärtig aufzuliegen, nunmehr zur anderen Tischseite umgelegt werden kann und somit richtungsverkehrt eine wesentlich größere Tischplatte mit einem oft filzbezogenen Spielfeld ergibt.

592 Spieltisch. Dreh- und klappbare Platte. Nussbaum massiv, um 1880/90. 1.000 € / 1.200 €

593 Spieltisch. Dreh- und klappbare Platte. Nussbaum massiv, um 1880/90. 850 € / 1.100 €

594 Spieltisch. Dreh- und klappbare Platte. Nussbaum, Eiche und Buche massiv, Spielfelder (Schach und Mühle) mit diversen Edelhölzern furniert, um 1880/90. 1.000 € / 1.300 €

595 Spieltisch. Dreh- und klappbare Platte. Nussbaum furniert, um 1880/90. 900 € / 1.200 €

596 **Spieltisch.** Dreh- und klappbare Platte.
Nussbaum massiv und furniert, um 1880/90.
900 € / 1.100 €

597 **Spieltisch.** Dreh- und klappbare Platte.
Eiche massiv und furniert, um 1880/90.
750 € / 950 €

598 **Spieltisch.** Ausziehbare Tabletts.
Eiche massiv und furniert, um 1880/90.
900 € / 1.100 €

599 **Spieltisch.** Drehbare Kartenablage.
Nussbaum massiv und furniert, um 1880/90.
1.000 € / 1.200 €

Nähspieltische

Die Kombination von Nähtisch und Spieltisch ist eine seltene und aufwändig gestaltete Variante, die zwei unterschiedliche Funktionen in einem Raum sparenden Tischchen vereint.

Manche dieser Kleinmöbel haben auf den Innenseiten ihrer dreh- und klappbaren Platten intarsierte Spielfelder, was den Preis derartiger Objekte deutlich anhebt.

600 **Nähspieltisch.** Dreh- und klappbare Platte. Nussbaum furniert und intarsiert, Spielfelder (Schach und Mühle) mit diversen Edelhölzern intarsiert, um 1880/90.
1.600 € / 2.000 €

601 **Nähspieltisch.** Dreh- und klappbare Platte. Nussbaum furniert, Korpus Eiche, um 1880/90.
1.400 € / 1.600 €

602/603 **Nähspieltisch.** Dreh- und klappbare Platte. Nussbaum furniert und intarsiert, Spielfelder (Schach und Mühle) mit diversen Edelhölzern intarsiert, um 1880/90.
1.600 € / 2.000 €

Aufsatznähtische

Regelrechte Raritäten sind Nähtische, die ein sekretärähnliches Aufsatzteil mit Schubladen und Gefachen besitzen und deren Deckplatten zu ausziehbaren Schreibplatten verwandelt werden können. Derartig feine und mit differenzierten Mechanismen ausgestattete Damenmöbel waren der elitären Gesellschaft vorbehalten und stellten neben der Sitzgarnitur das einrichtungskulturelle Refugium eines Damensalons dar.

Aufsatznähtische mit Sekretärteil gelten als die preisintensivste Sonderform aller Kleintischarten der Gründerzeit.

604/605 Aufsatznähtisch. Ausziehbares Schreibteil. Nussbaum furniert, um 1880/90. 1.900 € / 2.300 €

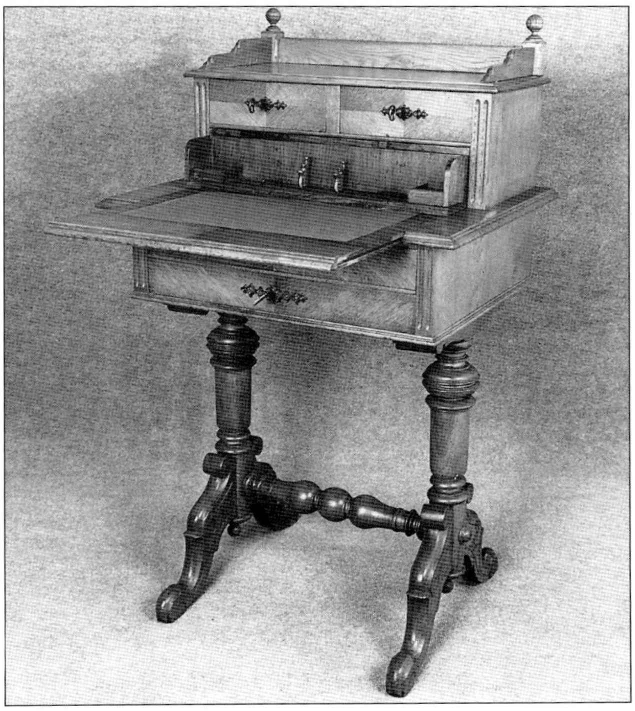

606/607 Aufsatznähtisch. Ausziehbares Schreibteil und Schwenkmechanismus für Aufsatz-Rückwandblende. Eiche massiv und furniert, um 1890/1900. 1.500 € / 1.900 €

Ziertische, Beistelltische

Die kleinsten Tischmöbeltypen sind die Ziertische. Im Einzelfall werden diese auch Rauchtische oder Blumentische genannt. Ihr funktionaler Wert ist eher sekundär. Ziertische stellen, wie es die Sammelbezeichnung schon zum Ausdruck bringt, dekorative Kleinmöbel dar. Sie dienen der Absicht, die Wohneinheit mit kleinen Tischchen aufzulockern und differenzierter zu gestalten.

Aufgrund der einfachen Konzeption und Verarbeitung sind Ziertische fast ausnahmslos recht preisgünstig und gelten als die billigste Variante aller gründerzeitlichen Tischarten.

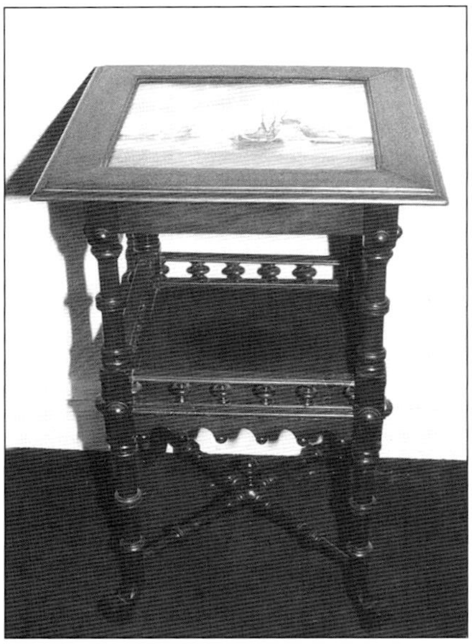

608 **Ziertisch.** Nussbaum massiv und furniert, um 1880/90.
500 € / 600 €

609 **Ziertisch.** Nussbaum massiv, um 1880/90.
300 € / 400 €

610 **Ziertisch.** Eiche massiv, um 1880/90.
300 € / 400 €

611 **Ziertisch.** Mahagoni massiv und furniert, um 1880/90.
400 € / 500 €

612 **Ziertisch.** Nussbaum massiv und furniert, um 1880/90.
550 € / 650 €

613 **Ziertisch.** Eiche massiv, um 1880/90.
350 € / 450 €

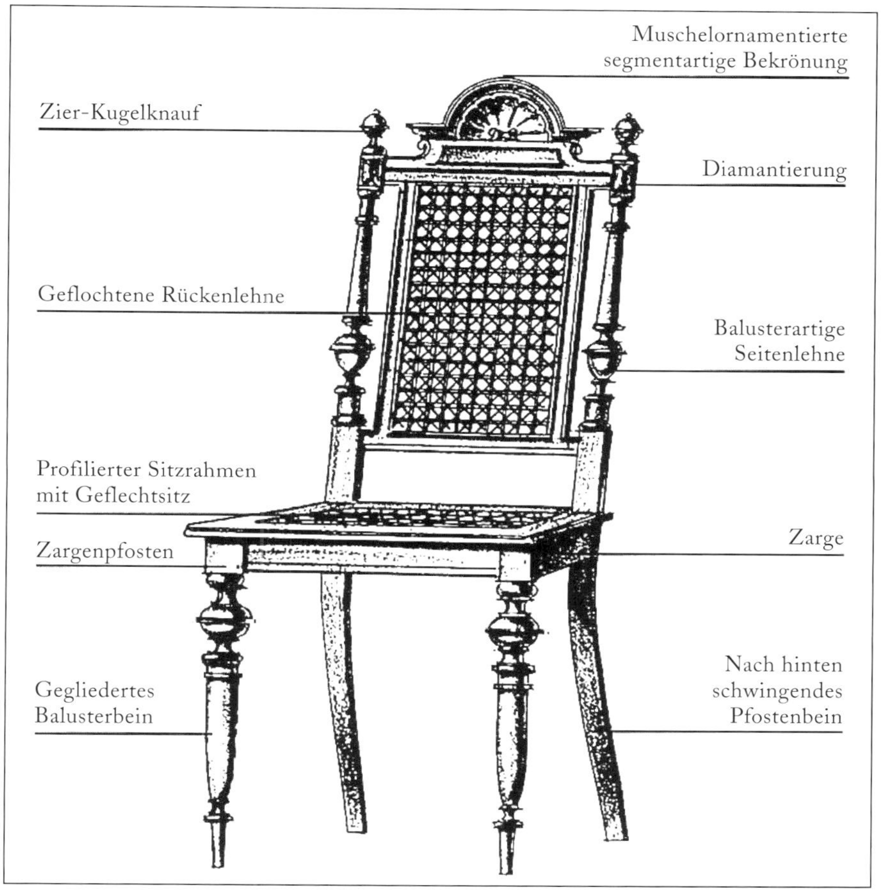

624 Zeitgenössische Zeichnung eines Gründerzeit-Muschelsäulen-stuhls.

625 Muschelsäulen-Stuhl. Nussbaum massiv, um 1880/90. 250 € / 300 €

626 Muschelsäulen-Stuhl. Nussb. massiv u. furniert. Herst.: Tischlermeister A. Stein – Möbelfabrik Lehmann, Hamburg, dat. 1893. 400 € / 500 €

627 Muschelsäulen-Stuhl. Nussbaum massiv, um 1880/90. 250 € / 350 €

628 Muschelsäulen-Stuhl. Nussbaum massiv, um 1880/90. 250 € / 350 €

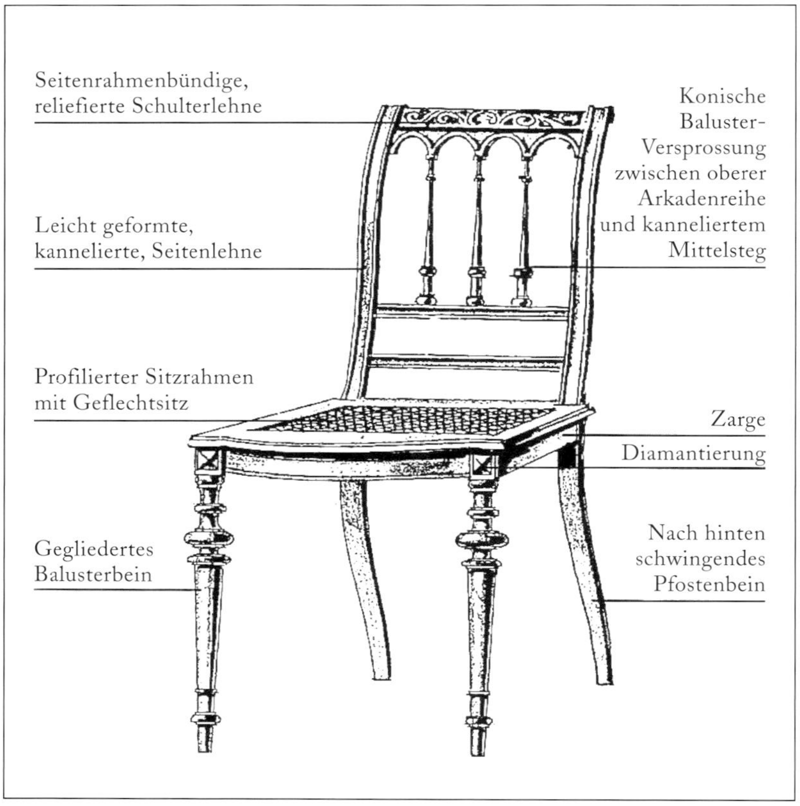

629 ZEITGENÖSSISCHE ZEICHNUNG EINES GRÜNDERZEIT-LEHNENRELIEF-STUHLS.

630 LEHNENRELIEF-STUHL. Nussbaum massiv, um 1880/90.
200 € / 250 €

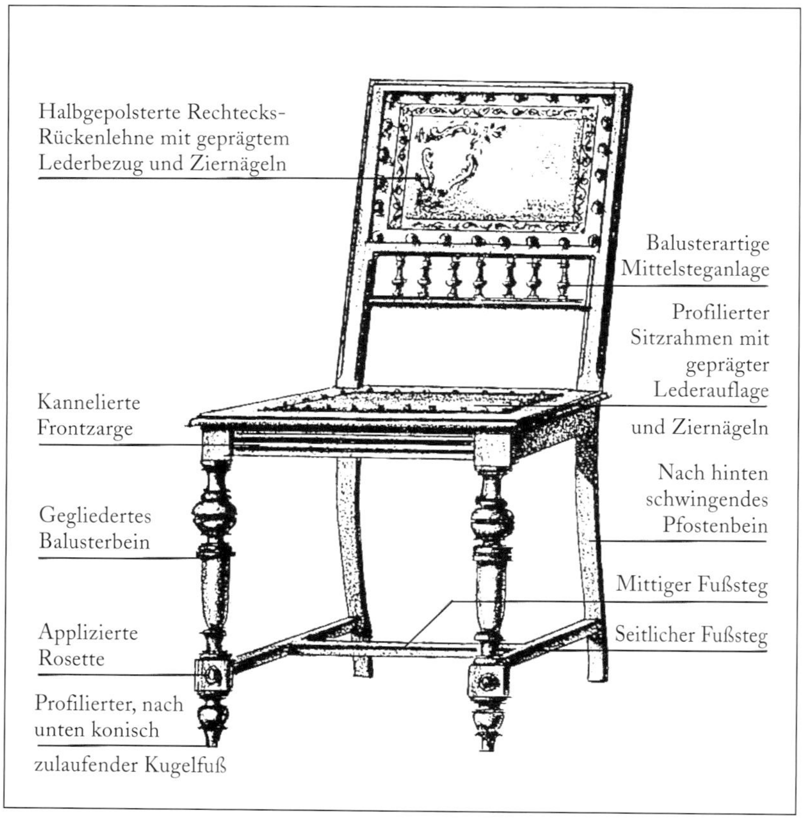

631 ZEITGENÖSSISCHE ZEICHNUNG EINES GRÜNDERZEIT-PRÄGELEDER-STUHLS.

632 PRÄGELEDER-STUHL. Nussbaum massiv. Hersteller: Hof-Möbel-Fabrik Julius Groschkus, Berlin, dat. 1890.
250 € / 300 €

633 Kronensäulen-Stuhl.
Buche ebonisiert, um 1880/90.
300 € / 400 €

634 Kronensäulen-Stuhl.
Nussbaum massiv. Hersteller: Hof-Möbel-Fabrik Chr. Niederhöfer Söhne, Edenkoben/Pfalz, um 1880/90.
300 € / 400 €

635 Kronensäulen-Stuhl.
Nussbaum massiv, um 1880/90.
300 € / 400 €

636 Kronen-Stuhl. Mahagoni massiv, mit Prägeleder, um 1880/90.
250 € / 350 €

637 Säulen-Stuhl.
Eiche massiv, um 1880/90.
250 € / 350 €

638 Giebelsäulen-Stuhl.
Nussbaum massiv, um 1880/90.
350 € / 450 €

639 **Prägeleder-Stuhl.**
Nussbaum massiv. Hersteller: Hof-Möbel-Fabrik Julius Groschkus, Berlin, dat. 1890.
250 € / 300 €

640 **Leder-Stuhl.**
Nussbaum massiv. Hersteller: Hof-Möbel-Fabrik Julius Groschkus, Berlin, dat. 1890.
200 € / 250 €

641 **Leder-Stuhl.**
Nussbaum massiv, um 1880/90.
200 € / 250 €

642 **Walzen-Stuhl.** Nussbaum massiv. Hersteller: Hof-Möbel-Fabrik Carl Müller, Berlin, um 1880/90.
250 € / 350 €

643 **Walzen-Stuhl.** Nussbaum und Buche massiv, um 1880/90.
250 € / 350 €

644 **Walzen-Stuhl.** Nussbaum massiv, um 1880/90.
200 € / 250 €

645 4er-Satz Säulen-Stühle. Prägelederbezug. Eiche massiv, um 1880/90.
1.900 € / 2.300 €

646 4er-Satz Walzen-Stühle. Buche massiv, um 1880/90.
1.000 € / 1.300 €

Armlehnstühle, Armlehnsessel

Armlehnstühle und Armlehnsessel sind sehr artverwandt. Der wesentliche Unterschied zwischen beiden Sitzmöbeltypen liegt in der Polsterung und in deren Dominanz. Während der Armlehnsessel unbedingt eine gepolsterte Sitzfläche und eine flächige Rückenpolsterung aufweisen muss, ist die Polsterung beim Armlehnstuhl bei weitem nicht so ausgeprägt.

Armlehnstühle können ungepolsterte oder nur teilgepolsterte Sitz- und Rückenlehnen haben. Sie sind dadurch insgesamt zwar holzdominanter, wirken aber im Vergleich zu Armlehnsesseln optisch leichter, zumal Letztere zumeist breitere Sitz- und Lehnflächen haben und somit in der Regel etwas größere Ausmaße annehmen. Bei Armlehnsesseln kommt noch ein weiteres gepolstertes Element am Möbel hinzu, nämlich die vorwiegend gepolsterten Armlehnen, was bei Armlehnstühlen unüblich ist.

Ähnlich wie anhand von Stuhlarten aufgezeigt, können auch Armlehnstühle und Armlehnsessel typisiert werden. Hier gibt es ebenso Muschelsäulen-, Kronensäulen-, Walzen- oder Prägeleder-Typen, wobei die beiden erstgenannten am begehrtesten sind.

647 **Muschelsäulen-Armlehnstuhl.**
Nussbaum massiv, um 1880/90.
800 € / 1.000 €

648 **Kronensäulen-Armlehnsessel.**
Nussbaum massiv, um 1880/90.
1.200 € / 1.500 €

649 Prägeleder-Armlehnstuhl.
Nussbaum massiv, um 1880/90.
750 € / 1.000 €

650 Kronensäulen-Armlehnstuhl.
Eiche massiv, um 1880/90.
750 € / 950 €

651 Walzen-Armlehnstuhl.
Eiche massiv, um 1880/90.
750 € / 950 €

652 Walzen-Armlehnstuhl.
Nussbaum massiv, um 1880/90.
700 € / 900 €

653 Kronensäulen-Armlehnsessel.
Nussbaum massiv, um 1880/90.
1.300 € / 1.700 €

654 Muschelsäulen-Armlehnsessel.
Nussbaum massiv, um 1880/90.
1.200 € / 1.500 €

655 Muschelsäulen-Armlehnsessel.
Nussbaum massiv und furniert, um 1880/90.
1.200 € / 1.500 €

656 Muschelsäulen-Armlehnsessel.
Nussbaum und Buche massiv, um 1880/90.
1.200 € / 1.500 €

657 Kronensäulen-Armlehnsessel.
Nussbaum massiv, um 1880/90.
1.200 € / 1.600 €

658 Muschelsäulen-Armlehnsessel.
Eiche massiv, um 1880/90.
1.000 € / 1.200 €

659 Armlehnsessel.
Nussbaum massiv, um 1880/90.
1.200 € / 1.500 €

660 Kronen-Armlehnsessel.
Eiche massiv, um 1880/90.
1.200 € / 1.500 €

Schreibtisch-Armlehnstühle

In der Gründerzeit kam eine Art von Armlehnstuhl auf, die man aus vorangegangenen Epochen so nicht kennt. Der Armlehnstuhl wurde in schöpferischer Weise formal dem typischen Herrenschreibtisch bzw. dessen verfügbarem Raum für die Einschiebemöglichkeit des Stuhles angepasst. Gründerzeit-Herrenschreibtische bieten wohl genügend Raum, um einen herkömmlichen Stuhl ohne Armlehnen zwischen beiden Seitenkästen unterzuschieben, aber bei breiter angelegten Armlehnstühlen ist dies in aller Regel nicht möglich. Deshalb brachte die Gründerzeit einen stiltypisch unverwechselbaren Schreibtisch-Armlehnstuhl hervor, der zu einem beachtlichen Teil in den Beinraum des Schreibtischs eingeschoben werden kann. Statt dass wie üblicherweise zwei Beine vorne und zwei Beine hinten angebracht sind, befindet sich bei der Konstruktion des typischen Gründerzeit-Schreibtisch-Armlehnstuhls ein Bein vorne mittig, das konträre Bein ist rückseitig und jeweils ein Bein seitlich angebracht. Durch den frontal spitzen Zulauf des Gestells und der Sitzfläche entsteht ein Platzvorteil, da die Armlehnen, welche normalerweise nahezu bündig mit der Front enden, im Falle des gründerzeitlichen Schreibtisch-Armlehnstuhls eben weit zurückgesetzt sind.

Die meisten idealtypischen Schreibtisch-Armlehnstühle dieser Zeit sind derartig konstruiert.

661 **Schreibtisch-Armlehnstuhl.** Nussbaum massiv, um 1880/90. 650 € / 850 €

662 **Schreibtisch-Armlehnstuhl.** Nussbaum und Buche massiv, um 1880/90. 650 € / 850 €

663 **Schreibtisch-Armlehnstuhl.** Nussbaum massiv, um 1880/90. 650 € / 850 €

664 **Schreibtisch-Armlehnstuhl.** Seltener Drehmechanismus. Eiche massiv, um 1880/90. 800 € / 1.000 €

Sofas, Polsterbänke

Wie die meisten Gründerzeit-Möbel tendieren auch Sofas zur vertikalen Weiterführung. Dies drückt sich in Bekrönungsanlagen der aufwändigsten Art aus.

Manche Sofas haben meterhohe Überbauten, welche die Möbel bis zur Zimmerdecke reichen lassen. Ein derartiges Sofa wird auch Paneel- oder Überbausofa genannt. Um deren Rückenteil ist ein paneelartiges Gestell konstruiert, das sich in etagèrenmäßiger Form von Regal zu Regal nach oben verjüngt und oft mit einem aufsatzbekrönten Spiegel endet. Einfachere Sofas dieser Gattung können auch oberhalb ihrer Rückenlehnen Regalüberbauten besitzen, auf denen entweder Ziergegenstände oder Bücher Platz finden.

Reguläre Sofas, die in keinem oder zumindest in einem nicht nachweislichen Zusammenhang mit Wandpaneelen stehen, kommen, was deren Armlehnengestaltung anbelangt, hauptsächlich in zweierlei Ausführungen vor. Die eine Variante zeigt die volle Umpolsterung der Armlehnen, mit der Folge, dass kein Holzrahmen mehr sichtbar ist. Die Alternative, bei der die Armlehnen zwar umpolstert sind, jedoch zur Sitzfläche offene Zwischenräume bilden, kennt man aus vorangegangenen Epochen.

Sofas mit transparenten Seitenteilen sind zugleich holzrahmenbetonte Sitzmöbel, die man durchaus als eine verbreiterte Form von Armlehnsesseln betrachten kann. Solche Sitzmöbel werden auch Sofa- oder Polsterbänke genannt.

Wie bei Stühlen und Sesseln haben die mitunter begehrtesten Gründerzeitsofas typische Muschelsäulen- und Kronensäulen-Aufsätze.

665 Kronensäulen-Sofa. Nussbaum massiv und furniert, um 1880/90.
2.500 € / 3.000 €

666 Überbausofa. Nussbaum massiv und furniert, Berlin, dat. 1891.
2.800 € / 3.800 €

667 Überbausofa. Nussbaum massiv und furniert. Hersteller: Hof-Möbel-Fabrik Julius Groschkus, Berlin, dat. 1892.
3.500 € / 4.200 €

668 Kronensäulen-Polsterbank. Nussbaum massiv, um 1880/90.
2.300 € / 2.800 €

669 **SOFA.** Nussbaum massiv, um 1880/90.
2.200 € / 2.700 €

670 **SOFA.** Nussbaum massiv, um 1880/90.
2.200 € / 2.700 €

671 **MUSCHENSÄULEN-POLSTERBANK.** Nussbaum massiv, um 1880/90.
1.600 € / 2.300 €

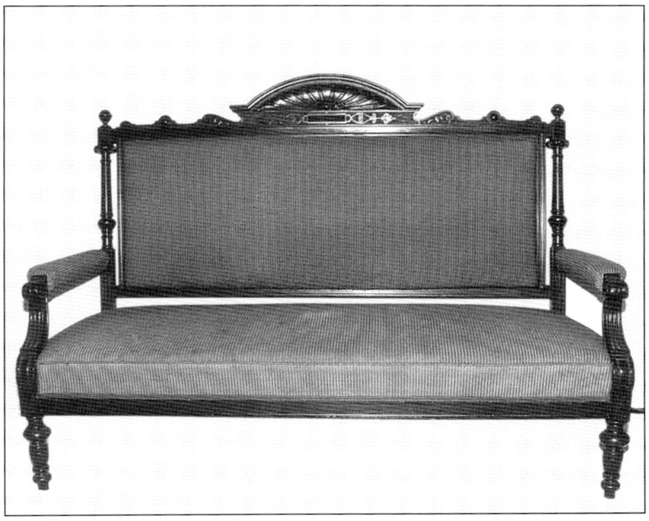

672 **MUSCHENSÄULEN-POLSTERBANK.** Nussbaum massiv, um 1880/90.
1.500 € / 2.000 €

673 **MUSCHENSÄULEN-POLSTERBANK.** Nussbaum und Buche massiv, um 1880/90.
1.400 € / 1.800 €

674 **KRONENSÄULEN-POLSTERBANK.** Eiche massiv, um 1880/90.
1.400 € / 1.800 €

Aufsatztruhenbänke

Die so genannte Aufsatztruhenbank ist ein multifunktionales Möbel des elitären Gründerzeit-Wohnstils, das in aller Regel für das zeitgenössische Herren- oder Bibliothekszimmer konzipiert wurde.

Die zweiteilige Anlage einer Aufsatztruhenbank hat mehrere Funktionen in sich vereint: Der aufgesetzte, meist vitrinenartige Überbau stellt Schauraum für Bücher dar und das truhenbankartige Unterteil bietet Sitzmöglichkeit, z. B. während der Lektüre. Außerdem gewährt der aufklappbare Truhenkasten Stauraum. Der mittige Tablettschub dient als kurzfristige Ablage für Literatur und kann das rasche Nachschlagen erleichtern.

Aufgrund ihrer Seltenheit und Aufwändigkeit werden Aufsatztruhenbänke im Handel hoch bewertet und zählen zu den wertvollsten Möbeltypen der Gründerzeit.

675 **Aufsatztruhenbank.** Nussbaum furniert, originale Bleiverglasung. Herst.: Hof-Möbel-Fabrik Julius Groschkus, Berlin, um 1880/90. 3.800 € / 4.600 €

676 **Aufsatztruhenbank.** Eiche massiv und furniert. Hersteller: Hof-Möbel-Fabrik Julius Groschkus, Berlin, um 1880/90. 3.400 € / 4.000 €

677 **Aufsatztruhenbank.** Eiche massiv und furniert, um 1880/90. 3.000 € / 3.600 €

678 **Aufsatztruhenbank.** Eiche massiv und furniert, um 1880/90. 2.200 € / 2.700 €

Etagèren

Etagèren sind in die Höhe ausgerichtete Ablagemöbel mit mehreren, übereinandergesetzten Regalfächern. Diese transparenten Dekorationsmöbel bieten Aufstellmöglichkeit für Ziergegenstände oder Bücher. Bei gründerzeitlichen Etagèren dominiert in eindeutiger Weise ein Gestaltungselement: Der Baluster. Die als Baluster gearbeiteten Säulen stellen das Bindeglied zwischen den Regalfächern dar und erfahren ihre motivische Fortsetzung zumeist in galerieartigen Bekrönungsanlagen.

679 ETAGÈRE.
Nussbaum massiv und furniert, um 1880/90.
1.000 € / 1.300 €

680 ETAGÈRE.
Nussbaum massiv, um 1880/90.
900 € / 1.200 €

681 ETAGÈRE.
Nussbaum massiv, um 1890/1900.
750 € / 950 €

682 ETAGÈRE.
Egonisiertes Holz, um 1880/90.
650 € / 850 €

683 **Etagère.** Mahagoni massiv, um 1880/90.
750 € / 950 €

684 **Etagère.** Mahagoni massiv, um 1880/90.
500 € / 600 €

685 **Etagèrentisch.** Nussbaum massiv und furniert, Berlin, dat. 1892.
800 € / 1.000 €

686 **Etagèrentisch.** Höhenverstellbar. Nussbaum furniert, um 1880/90.
1.000 € / 1.200 €

Konsolen-Pfeilerspiegel, Pfeilerspiegel, Wandspiegel

Neben herkömmlichen Wandspiegeln erfuhr der so genannte Pfeilerspiegel in der Gründerzeit große Beachtung.

Pfeilerspiegel sind hohe, schlanke Wandspiegel, die oft in Verbindung mit Konsoltischen oder Halbschränkchen auftreten, aber auch eigenständig und ohne Unterbau ihre Funktion erfüllen.

Konsolen-Pfeilerspiegel und Pfeilerspiegel können Höhenmaße von 250 – 300 cm erreichen und somit barocke Dimensionen annehmen.

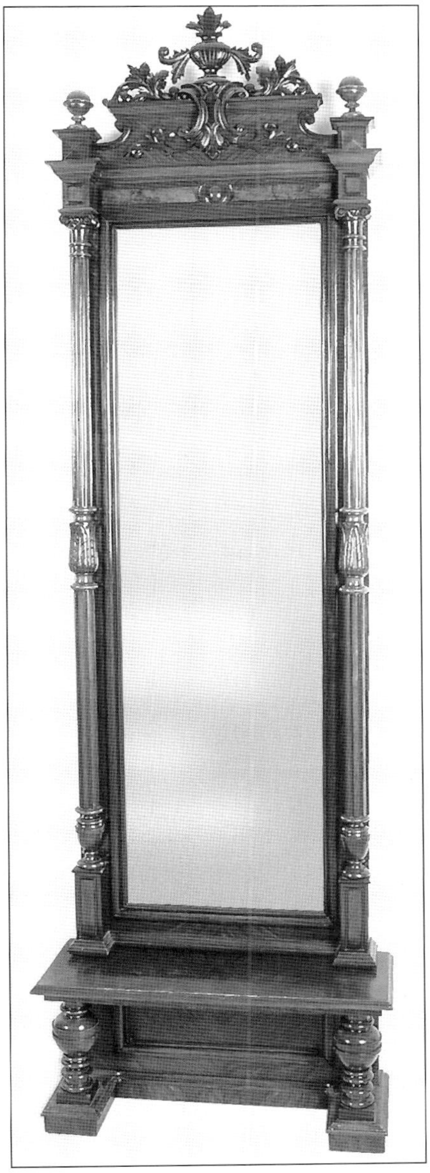

687 Konsolen-Pfeilerspiegel.
Nussbaum furniert, um 1880/90.
1.200 € / 1.500 €

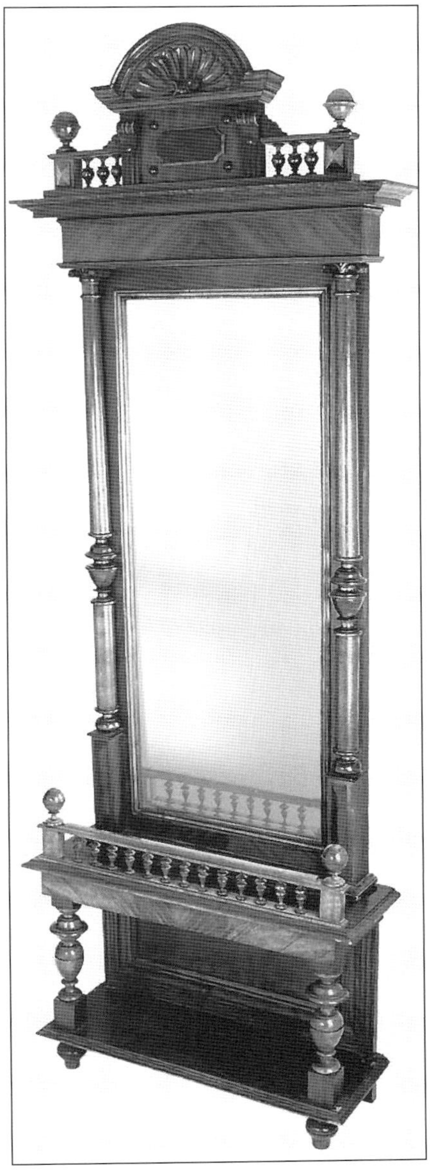

688 Konsolen-Pfeilerspiegel.
Nussbaum furniert, um 1880/90.
1.200 € / 1.500 €

689 Konsolen-Pfeilerspiegel.
Nussbaum furniert, um 1880/90.
1.200 € / 1.500 €

690 Konsolen-Pfeilerspiegel.
Nussbaum furniert, um 1880/90.
1.000 € / 1.250 €

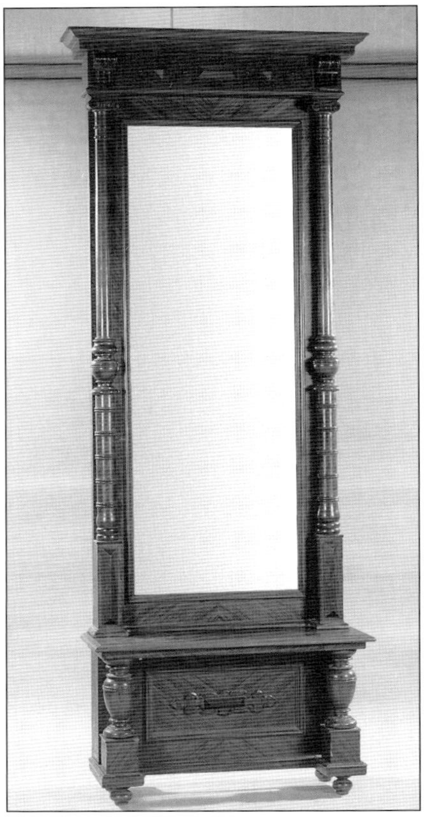

691 Konsolen-Pfeilerspiegel.
Mahagoni furniert, um 1880/90.
900 € / 1.150 €

692 Konsolen-Pfeilerspiegel.
Eiche massiv, um 1880/90.
800 € / 1.000 €

693 Konsolen-Pfeilerspiegel.
Eiche massiv und furniert, um 1880/90.
800 € / 1.000 €

694 Pfeilerspiegel mit Halbschrank.
Eiche massiv, um 1880/90.
1.400 € / 1.700 €

695 Pfeilerspiegel mit Halbschrank.
Eiche massiv und furniert, um 1895.
1.700 € / 2.000 €

696 **Pfeilerspiegel.** Nussbaum massiv und furniert, um 1880/90.
750 € / 950 €

697 **Pfeilerspiegel.**
Nussbaum furniert, um 1880/90.
600 € / 800 €

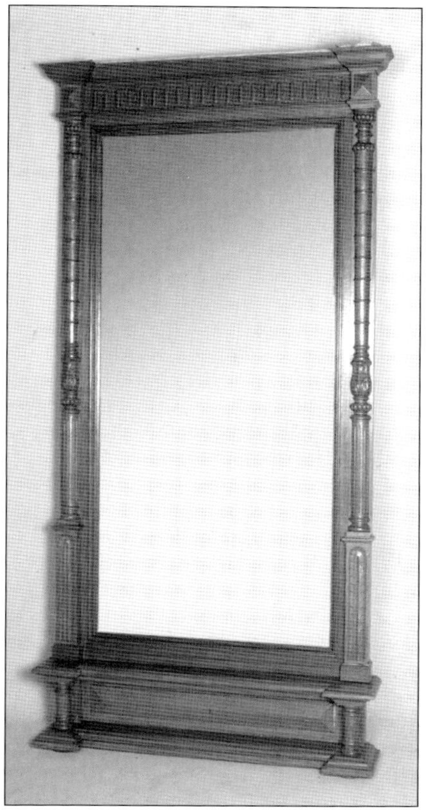

698 **Pfeilerspiegel.**
Eiche massiv, um 1880/90.
500 € / 600 €

699 **Wandspiegel.**
Nussbaum massiv, um 1880/90.
600 € / 800 €

700 **Wandspiegel.**
Nussbaum massiv, um 1880/90.
500 € / 700 €

701 **Wandspiegel.**
Eiche massiv, um 1880/90.
400 € / 500 €

Kindermöbel

Kindermöbel sind verkleinerte Abwandlungen von regulären Möbeltypen. Sie sind speziell der jeweiligen kindlichen Körpergröße angepasst und besitzen neben dieser körpergerechten Bauweise einen funktionalen Gebrauchswert.

Da es sich bei Kindermöbeln um individuelle und somit kostspielige Anfertigungen handelte, ist es nahe liegend, dass derartige Objekte nur vereinzelt von reicher Kundschaft in Auftrag gegeben werden konnten. Umso mehr gelten heute luxuriös ausgeführte Kindermöbel als gesuchte Liebhaberstücke mit hohem Sammlerwert.

702 Kinderschreibtisch. Allseitig Nussbaum furniert, Berlin, um 1880/90. 2.500 € / 3.000 €

703 Kinderschreibtisch. Nussbaum furniert, um 1880/90. 2.300 € / 2.800 €

704 Kinderstühle. Nussbaum massiv, um 1880/90. Stück 400 € / 600 €

705 Kinderkommode. Weichholz, um 1880/90. 700 € / 900 €

706 Kinderkaufladen. Weichholz, um 1890/1900. 550 € / 650 €

707 Wiege. Nussbaum furniert, um 1880/90. 900 € / 1.200 €

724 **Wandkonsole.** Nussbaum massiv und furniert, um 1880/90.
500 € / 750 €

725 **Wandkonsole.** Eiche massiv, Messing-Applikationen, um 1880/90.
250 € / 350 €

726 **Postament.** Eiche massiv und furniert, Kassettierungen mit buntem Steinzeug, um 1880/90.
1.000 € / 1.250 €

727 **Postament.** Nussbaum massiv, um 1880/90.
600 € / 750 €

728 **Postament.** Nussbaum massiv und furniert, um 1880/90.
600 € / 700 €

729 **Postament.** Nussbaum massiv, um 1880/90.
450 € / 600 €

730 Modell-Fassadenschrank. Nutzbar als kleine Truhe. Nussbaum furniert und intarsiert, um 1880/90.
1.300 € / 1.700 €

731 Modell-Truhe. Nussbaum massiv, furniert und intarsiert, um 1870/80.
800 € / 1.100 €

732 Modell-Truhe. Nussbaum massiv und furniert, um 1880/90.
700 € / 800 €

733 Modell-Büffet. Nussbaum massiv, um 1880/90.
700 € / 950 €

734 Modell-Schränkchen. Weichholz, um 1890/1900.
350 € / 450 €

735 Modell-Schränkchen. Weichholz, um 1890/1900.
350 € / 450 €

736 Modell-Vitrinenaufsatzkommode. Weichholz, um 1890/1900.
600 € / 800 €

Diverse Möbel und Einrichtungsgegenstände

In diesem Katalogteil werden Gründerzeit-Möbel und -Einrichtungsgegenstände vorgestellt, die sich aufgrund ihrer außergewöhnlichen Konzeption, Doppelfunktion, Größe und Erscheinung nicht in Kategorien der herkömmlichen Möbeltypen einordnen lassen.

737 **Apotheken-Theke.** Weichholz und Eiche massiv, Bamberg, um 1870/80.
2.500 € / 3.500 €

738 **Apotheken-Theke.** Weichholz, um 1890/1900.
1.400 € / 1.700 €

739 **Psyche (Ankleidespiegel).** Nussbaum massiv und furniert, um 1880/90.
1.300 € / 1.600 €

740 **Kleiderständer.** Nussbaum massiv, um 1880/90.
250 € / 400 €

741 **Kleiderständer.** Buche massiv, um 1890/1900.
200 € / 300 €

742 **Schaukelstuhl.** Nussbaum und Buche massiv, um 1880/90.
950 € / 1.150 €

743 **Schaukelstuhl.** Buche massiv, um 1880/90.
400 € / 600 €

744 **Pfeifenschränkchen.** Nussbaum massiv und furniert, um 1880/90.
1.400 € / 1.700 €

745 **Billardtisch.** Nussbaum und Eiche massiv und furniert, um 1880/90. 2.900 € / 3.700 €

746 **Hockertruhe.** Nussbaum massiv und furniert, um 1880/90. 450 € / 600 €

747 **Polsterhocker.** Eiche massiv, um 1880/90. 200 € / 280 €

748 **Klavierstuhl.** Nussbaum massiv, um 1880/90. 200 € / 300 €

749 **Notenständer.** Nussbaum massiv, um 1890/1900. 200 € / 300 €

750 **Spieluhrgehäuse.** Nussbaum furniert und intarsiert, um 1880/90. 900 € / 1.100 €

Gründerzeit-Uhren

Für den kritischen Leser wird sich vielleicht die Frage stellen, wieso das Kapitel „Uhren" in ein Möbelfachbuch mit einfließt, wo Uhren doch anscheinend nur mechanische Instrumente und keine Möbel sind. Reduziert man die Funktionen einer Uhr lediglich auf deren Aufgabe, die Zeit zu messen und diese anzugeben, so mag eine solche Einschätzung zutreffen.

Betrachtet man Standuhren, Wanduhren und sogar Tischuhren aus kunsthistorischer und wohnkultureller Sicht, geht deren Wohnwert weit über die funktionale Bestimmung einer Zeitmessung hinaus.

Standuhren, Wanduhren und Tischuhren vervollständigen die Einrichtung ähnlich wie ein passendes Gemälde oder ein Vorhang. Sie stellen aber vor allem durch ihr dominantes Gehäuse ein eigenständiges Möbelstück im Rahmen einer stilistisch einheitlichen Wohnkultur dar. Obwohl Uhren im Vergleich zu fast allen anderen Möbeltypen nur einen Bruchteil der Holzkonstruktion und Holzoberfläche ausmachen, findet man doch die vielfältigen und markanten Stilmerkmale in und an einem relativ kleinen Gehäuse vor. Was ein riesiger Fassadenschrank oder ein großes Büffet an Stilmerkmalen und applizierter Hauptmotivik besitzen, kommt an einer kleinen Wanduhr oder noch kleineren Tischuhr in Miniaturform zum Vorschein. Allein dieser Umstand berechtigt die gemeinsame Dokumentation von Gründerzeit-Möbeln und Gründerzeit-Uhren.

So wie sich Gründerzeit-Möbel bezüglich ihrer Konzeption, Materialauswahl und Verarbeitung in Möbel des elitären und populären Wohnstils differenzieren lassen, gibt es auch bei Gründerzeit-Uhren enorme Qualitäts- und Preisunterschiede.

Diese betreffen zunächst die Gestaltung des Holzgehäuses. Eine mehr oder minder aufwändige architektonische Bauweise, kunstwerklicher Einsatz oder überwiegendes Applizieren sowie teure oder billige Materialverwendungen (Hölzer und Metalle) ergeben einen schreinertechnischen Qualitätsfaktor für eine Uhr mit Holzgehäuse.

Der zweite Faktor zur Qualitätsbestimmung von Uhren dieser Art bezieht sich auf die technisch-mechanische Seite. Das Uhrwerk ist das mitunter entscheidende Moment für deren Wertigkeit. Mechanisch fein konstruierte Werke mit überdurchschnittlicher Präzision, langer Laufdauer und differenziertem Schlagwerk sind preisbestimmende Kriterien. Nicht zuletzt spielen Sondergrößen sowie der Bekanntheitsgrad des Uhren- und des Gehäuseherstellers eine wichtige Rolle bei der Wertbestimmung von Uhren.

Gründerzeit-Uhren sind wie Gründerzeit-Möbel im Zeitalter der Industrialisierung und fortschreitenden Technisierung entstanden. Somit beinhalten die meisten dieser Uhren einen technischen Standard und können bei serienmäßiger Herstellung und massenhafter Verbreitung nicht den Anspruch einer seltenen, einzelgefertigten Antiquität erheben. Dies gilt in besonderem Maße für den damals volksweit beliebten Regulator, der in einfacher Form und mit standardisiertem Uhrwerk Einzug in die Wohnzimmer der unteren und mittleren Einkommensschichten halten konnte. Obwohl viele dieser Uhren kunstgeschichtlich nicht bedeutsam sind und darüber hinaus keine hohen Marktpreise verzeichnen, werden auch solche Gründerzeit-Wanduhren nachfolgend im Vergleich zu qualitätsvolleren Stücken vorgestellt.

Bei Uhren der gehobenen Qualität handelt es sich vorwiegend um Standuhren, große und übergroße Wanduhren mit besonderen Uhrwerken, Wanduhren im Kleinformat, Wanduhren mit Kalenderanzeige und fein strukturierte Tischuhren sowie Konsolenuhren.

Uhren mit einem Viertelstundenschlag zählen grundsätzlich zu den Spitzenstücken und erzielen hohe Preise.

Dieses spezielle Kapitel verfolgt die Absicht und das Ziel, Gründerzeit-Uhren als vervollständigende Einrichtungsgegenstände einer durchweg auf Einheitlichkeit und Komplettierung bedachten Wohnkultur vorzustellen und zu bewerten, was zugleich dem überzeugten Gründerzeit-Möbelsammler heutzutage eine wertvolle Hilfestellung sein kann.

Tischuhren, Konsolenuhren

Von Taschenuhren und Reiseweckern abgesehen, sind Tischuhren die kleinste Uhrenart der Gründerzeit. Ihre Höhenmaße betragen in der Regel etwa 40 bis 50 cm.

Die Typenbezeichnung „Tischuhr" impliziert, dass derartige Uhren auf Tischchen stehen oder anderweitig mit Tischen in unmittelbare Verbindung gebracht werden. Diese Assoziation kann in der Gründerzeit allerdings nicht nachvollzogen werden, da Tischuhren allerorts standen, nicht nur auf Tischen. Ihr vornehmlicher Standort war beispielsweise auf Kommoden, Halbschränken oder Anrichten, also auf vorwiegend halbhohen Behältnismöbeln. Hierauf hatten Tischuhren eine entsprechend große und ebene Standfläche, die einerseits Standfestigkeit und -sicherheit darbot und andererseits eine objektgerechte Betrachtungsperspektive schuf. Des Weiteren lenkten die ungegliederten Deckplatten dieser Möbel nicht sonderlich vom detailbehafteten Erscheinungsbild solcher kunstvollen Kleinode ab.

Die zutreffende Definition des Begriffs „Tischuhr" führt in das 16. Jahrhundert zurück: In der Renaissance wurden eigens für solche kleinen Uhren Tische angefertigt, da man in dieser Zeit halbhohe Möbel wie Kommoden oder dergleichen noch nicht kannte. Eines der meistverbreiteten niedrigen Möbel der Renaissance war die Truhe, die als Möbeltyp allerdings nicht die Voraussetzungen mitbrachte, einer solch kleinen Standuhr stetigen Platz und optimale Ansichtsmöglichkeit zu bieten. Die Truhe war für diesen Zweck

751 **Tischuhr.** Höhe: 42 cm. Nussbaum massiv und furniert, Messing-Applikationen. Werk: Lenzkirch, Lenzkirch/Schwarzwald. Viertelstundenschlag, Laufdauer eine Woche, signiert und datiert 1886.
1.800 € / 2.200 €

752 **Tischuhr.** Höhe: 47 cm. Nussbaum massiv und furniert. Werk: Lenzkirch, Lenzkirch/Schwarzwald. Halbstundenschlag, Laufdauer 10 Tage, um 1880/90.
1.000 € / 1.400 €

zu niedrig und zudem musste ihr Deckel im Sinne eines Behältnismöbels des Öfteren aufgeklappt werden, was den häufigen Standortwechsel eines weniger robusten Zeitmessers zur Folge gehabt hätte.

In der „antifranzösischen Ära" der Gründerzeit kam es dem Kunstgewerbe und der Kunstindustrie auch am Beispiel dieser kleinen Uhren sehr gelegen, sich nicht an einer gängigen französischen Uhrenbezeichnung ausrichten zu müssen, sondern den historischen und zugleich im Deutschtum verwurzelten Begriff „Tischuhr" anwenden zu können.

Ähnlich der vorbildhaften Renaissance verkörpern Tischuhren trotz geringer Ausmaße deren architektonische Formen und deren Fassadenstil. Dass dies von Schreinern und Uhrmachern in Miniaturform umgesetzt wurde, honoriert man heute auch durch wertmäßige Anerkennung.

Konsoluhren sind von ähnlicher Bauweise und Größe wie Tischuhren. Ihr wesentlicher Unterschied besteht zunächst darin, dass sie auf einer ihres Gesamtkonzeptes entsprechenden Wandkonsole stehen und somit eine Art Wanduhr darstellen. In vielen Fällen besitzen Konsolenuhren jedoch eigenständige Sockelabschlüsse samt Füße, was auch deren alternative Platzierung auf halbhohen Behältnismöbeln ermöglicht.

Des Weiteren kennzeichnen sich Konsolenuhren durch auffallend reiche Messing-Applikationen. Im Vergleich zu Tischuhren befinden sich Konsolenuhren in weit höheren Preisgefilden.

753 Tischuhr. Höhe: 44 cm. Eiche massiv und furniert. Werk: Lenzkirch, Lenzkirch/Schwarzwald. Halbstundenschlag, Laufdauer zwei Wochen, um 1890/1900.
900 € / 1.200 €

754 Tischuhr. Höhe: 46 cm. Nussbaum massiv und furniert. Werk: o. A. Viertelstundenschlag, Laufdauer 10 Tage, um 1880/90.
900 € / 1.200 €

755 **Tischuhr.** Höhe: 49 cm. Nussbaum massiv und furniert. Werk: Junghans, Schramberg/Schwarzwald. Halbstundenschlag, Laufdauer 10 Tage, um 1890/1900. 700 € / 950 €

756 **Tischuhr.** Höhe: 50 cm. Nussbaum massiv und furniert. Werk: Junghans, Schramberg/Schwarzwald. Halbstundenschlag, Laufdauer eine Woche, um 1890/1900. 700 € / 950 €

757 **Tischuhr.** Höhe: 56 cm. Eiche massiv und furniert. Werk: Junghans, Schramberg/Schwarzwald. Halbstundenschlag, Laufdauer 10 Tage, um 1890/1900. 700 € / 900 €

758 **Tischuhr.** Höhe: 47 cm. Nussbaum massiv. Werk: Junghans, Schramberg/Schwarzwald. Papierzifferblatt, Halbstundenschlag, Laufdauer eine Woche, um 1900/10. 450 € / 550 €

759 **Konsolenuhr.** Höhe: 95 cm mit Konsole, 75 cm ohne Konsole. Eiche massiv. Werk: Gustav Becker, Freiburg/Schlesien. Halbstundenschlag, Laufdauer eine Woche. Gehäuse wohl Berlin, um 1880/90. 2.400 € / 2.900 €

760 **Konsolenuhr.** Höhe: 57 cm ohne Konsole. Nussbaum massiv und furniert. Reiche Messing-Applikationen. Werk: Junghans, Schramberg/Schwarzwald. Viertelstundenschlag, Laufdauer acht Tage. Gehäuse wohl Berlin, um 1880/90. 2.200 € / 2.700 €

761/762 **Konsolenuhr.** Höhe: 70 cm mit Konsole, 45 cm ohne Konsole. Nussbaum massiv und furniert. Reiche Messing-Applikationen und -Säulen. Werk: Lenzkirch, Lenzkirch/Schwarzwald. Viertelstundenschlag, Laufdauer eine Woche. Gehäuse wohl Berlin, um 1880/90. 2.300 € / 2.800 €

Wanduhren

Die in der Gründerzeit am häufigsten vorkommenden Wanduhren fasst man unter dem Begriff „Regulatoren“ zusammen. Der dieser Uhrengattung den Namen gebende „Wiener Regulator“ wurde bereits im ersten Drittel des 19. Jahrhunderts entwickelt und reifte technisch aus.

Mit Beginn der industriellen Uhrenproduktion um die Mitte des 19. Jahrhunderts entfaltete sich der Uhrentyp „Regulator“ nach und nach zur meistshergestellten Wanduhr. Technik und Mechanik dieser um 1850 gefertigten Regulatoren waren weitgehend mit der des Wiener Regulators identisch: Die Pendelstange wurde weiterhin aus gut abgelagertem Holz gearbeitet, das Gehwerk und die Schlagwerke (soweit vorhanden) erfuhren ihren Antrieb über Gewichte. Der Fertigungsaufwand für einen solchen Regulator „Wiener Art“ war insbesondere wegen des Gewichtsantriebs hoch und von daher für weite Kreise der Bevölkerung nicht erschwinglich. Dies änderte sich mit dem Aufkommen des einfacher und preiswerter zu fertigenden Regulators mit Federzugantrieb. Dadurch konnten die Gehäuse kleiner konzipiert werden, da es ja keiner Fallhöhe für den Gewichtsantrieb mehr bedurfte. Die Holzpendelstäbe wurden von so genannten, aus Messing- und Stahlstäben zusammengesetzten, Rostpendeln abgelöst.

763 GROSSE WANDUHR. Regulator. Höhe: 135 cm. Nussbaum massiv und furniert. Reiche Messing-Applikationen. Werk: Gustav Becker, Freiburg/Schlesien. Viertelstundenschlag, Laufdauer eine Woche, um 1880/90. 2.400 € / 2.800 €

764 WANDUHR. Regulator. Höhe: 100 cm. Nussbaum massiv und furniert. Reiche Messing-Applikationen. Werk: Gustav Becker, Freiburg/Schlesien. Viertelstundenschlag, Laufdauer eine Woche, um 1895/1900. 2.000 € / 2.500 €

Eine Sonderform dieses Federzug-Regulators ist der nach seiner Beschaffenheit des Pendels benannte „Freischwinger“. Das untere Gehäuseteil eines Freischwingers ist nicht wie beim typischen Regulator verglast, sondern das Pendel schwingt ohne Umbau frei vor der Rückwand. Diese Konstruktionsvariante beinhaltet keine technischen Auswirkungen, sie bietet ausschließlich zusätzliche Gestaltungsmöglichkeiten für das Gehäuse.

Während Uhrenproduzenten wie Gustav Becker und Lenzkirch zu den bedeutendsten Vertretern der früheren Regulatoren zählen, sind die Firmen Junghans und Kienzle die bekanntesten und umsatzstärksten Uhrenfabriken für Regulatoren der späten Gründerzeit. Diese beiden Firmen und viele weitere Uhrenfabriken verhalfen dem standardisierten Regulator zur volksweiten Beliebtheit und ermöglichten durch kostengünstige Herstellung dessen Erschwinglichkeit. Diese Art Wanduhr wurde zum festen Bestandteil bürgerlicher und kleinbürgerlicher Wohnzimmer der Gründerzeit und sie ist auch heute noch ein Einrichtungsgegenstand, der jede Sammlung vervollständigt.

Neben den vielen standardisierten Wanduhren sind auch solche vorzufinden, die aufgrund ihrer schreinertechnischen und mechanischen Aufwändigkeit sowie zusätzlicher technischer Besonderheiten nur dem elitären Wohnstil der Gründerzeit zugerechnet werden können.

765 **Wanduhr mit Kalender.** Regulator. Höhe: 154 cm. Nussbaum massiv und furniert. Sehr seltene, ausgefallene Uhr mit differenzierter Datumsanzeige, Laufdauer acht Tage. Werk: o. A., um 1880/90. 2.500 € / 3.000 €

766 **Wanduhr mit Kalender.** Regulator. Höhe: 127 cm. Nussbaum massiv und furniert. Durchbrochen gearbeitete Zeiger und römische Zahlen aus Bein, Kalender mit Wochentag, Datum und Monat. Werk: Gebr. Wilde, Villingen/Baden, um 1890/1900. 2.200 € / 2.600 €

795 **Standuhr.**
Nussbaum massiv und furniert.
Werk: Lenzkirch, Lenzkirch/
Schwarzwald.
Viertelstundenschlag,
Laufdauer eine Woche.
Gehäuse wohl Berlin, um 1880/90.
7.000 € / 8.500 €

796 **Standuhr.**
Nussbaum furniert.
Werk: Viertelstundenschlag,
Laufdauer neun Tage.
Gehäuse Berlin, um 1880/90.
3.700 € / 4.500 €

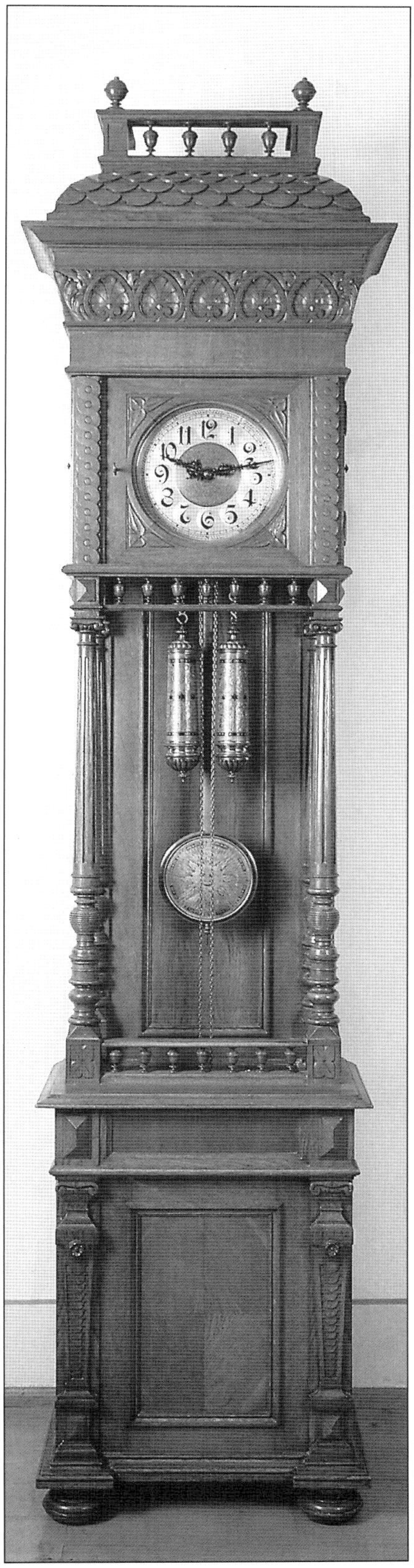

797 **Standuhr.**
Eiche massiv und furniert.
Werk: Halbstundenschlag,
Laufdauer eine Woche, um 1895.
3.400 € / 4.000 €

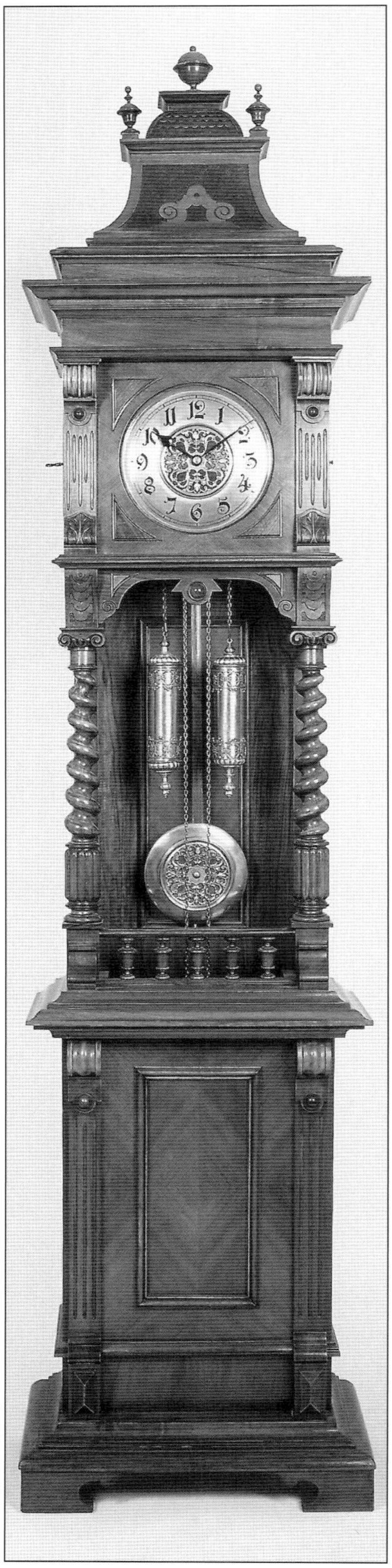

798 STANDUHR.
Nussbaum furniert.
Werk: Halbstundenschlag,
Laufdauer eine Woche,
um 1880/90.
6.500 € / 7.500 €

799 STANDUHR MIT SYMPHONION.
Nussbaum massiv und furniert.
Hersteller des Gehäuses:
Möbelfabrik Lehmann, Hamburg.
Hersteller des Werkes:
Lenzkirch, Lenzkirch/Schwarzwald,
dat. 1891.
12.000 € / 15.000 €

800 Polyphon-STANDUHR.
Nussbaum furniert.
Werk: bez. Nr. 62. Halbstundenschlag,
Laufdauer eine Woche.
Musik ertönt zu jeder vollen Stunde,
um 1880/90.
15.000 € / 18.000 €

Musikautomaten

Musikautomaten wie Polyphon, Symphonion und Orchestrion stellen mittlerweile ein beachtliches Sammelgebiet für Gründerzeit-Liebhaber dar. Solche mit reicher gründerzeitlicher Motivik ausgestatteten Musikautomaten erfahren seit etlichen Jahren kontinuierlich ansteigendes Interesse und erzielen heute ungeahnt hohe Preise, deren Zenit noch lange nicht abschätzbar ist.

Während ein Polyphon oder ein Symphonion äußerst selten im Handel sind und als regelrechte Raritäten gelten, ist das als „Königin der Musikautomaten" bezeichnete Orchestrion ein fast aussichtslos gesuchtes Unikat.

Eine weitere Sonderstellung nehmen automechanische Klaviere ein. Die so genannten „Walzen-Klaviere" sind ebenso seltene und begehrte Sammlerstücke.

Ohne die Funktion eines herkömmlichen Möbels zu erfüllen, komplettierten derartige Musikautomaten dieser Epoche jedoch die gehobene Gründerzeit-Sammlung als zeittypisches Gebilde mit sonorem Charakter.

801 **Polyphon.**
Nussbaum furniert.
Kurbelaufzug.
Hersteller: Polyphon Musikwerke Fabrik, Leipzig, um 1900.
9.000 € / 12.000 €

802 Polyphon. Nussbaum massiv und funiert. Kurbelaufzug und Münzeinwurf. Unterteil mit separatem Plattenschrank. Bez. „Komet", um 1890/1900.
9.000 € / 12.000 €

803 Symphonion. Nussbaum und Mahagoni furniert. Mechanik für Blechplatten. Bez. „Kalliope – M. Liebig, Nordhausen", um 1890/1900.
8.000 € / 10.000 €

804 Symphonion. Nussbaum massiv und furniert. Große Metall-Musikplatte. Kurbelaufzug und Münzeinwurf, um 1890/1900.
9.000 € / 12.000 €

805 Symphonion. Nussbaum massiv und furniert. Kurbelaufzug, um 1890/1900.
7.000 € / 9.000

806 Orchestrion. Eiche massiv und furniert. Große Holzwalze zum Spielen von Melodien mit Pauken- und Trommelschlag. Münzeinwurf. Bez. „Piano Orchestrion Triumph – Karl Pfeiffer, Teschen/Oberschlesien", um 1900.
12.000 € / 15.000 €

807 / 808
Walzenklavier.
Mit so genanntem „Endlosband“ und mechanischer Spielautomatik.
Nussbaum furniert, um 1880/90.
7.000 € / 8.500 €

Stilistische Abgrenzung zur deutschen und ausländischen Neorenaissance

Die Neorenaissance entfaltet sich bekannterweise in der zweiten Hälfte des 19. Jahrhunderts europaweit und orientiert sich an der vorbildlichen Renaissance des 16. und frühen 17. Jahrhunderts. Dennoch findet keine generell gültige Stiladaption statt, denn es entwickeln sich viele länderspezifische Stilauffassungen. Der Gründerzeit-Möbelstil stellt eine dieser variantenreichen Stilinterpretationen der Neorenaissance dar.

In diesem Schlusskapitel werden Gründerzeit-Möbel deutschen und ausländischen Neorenaissance-Möbeln vergleichend gegenübergestellt. Der unmittelbare Vergleich möbeltypidentischer Objekte zeigt, dass und wie sich Möbel des deutschen Gründerzeit-Stils von anderen deutschen und ausländischen Möbeln der Neorenaissance deutlich unterscheiden. Dies erfolgt vor allem durch die stiltypische Motivik des Gründerzeit-Stils, der sich zusammen mit seiner unverwechselbaren Architektur klar abgrenzt, und somit eine stilistische Eigenständigkeit im Rahmen der europäischen Neorenaissance beansprucht.

809 Gründerzeit-Fassadenschrank.
Nussbaum massiv und furniert, Berlin, um 1880/90.

810 Neorenaissance-Fassadenschrank.
Eiche massiv und Nussbaum furniert, süddeutsch, um 1870/80.

811 Gründerzeit-Schrank.
Nussbaum massiv und furniert, deutsch,
um 1880/90.

812 Neorenaissance-Schrank.
Nussbaum und Kirschbaum massiv und furniert,
Österreich, um 1870/90.

813 Gründerzeit-Schrank.
Eiche massiv, deutsch,
um 1880/90.

814 Neorenaissance-Schrank.
Nussbaum massiv, Donaumonarchie,
um 1870/90.

815 Gründerzeit-Büffet.
Eiche massiv und furniert, deutsch,
um 1880/90.

816 Neorenaissance-Büffet.
Eiche massiv, westdeutsch/Köln,
um 1860/80.

817 Gründerzeit-Büffet.
Eiche massiv und furniert, deutsch,
um 1880/90.

818 Neorenaissance-Büffet.
Eiche massiv, Frankreich/Belgien (Henri-II-Stil),
um 1880/90.

819 Gründerzeit-Stollenkabinettschrank.
Nussbaum furniert, deutsch,
um 1880/90.

820 Neorenaissance-Stollenkabinettschrank.
Eiche massiv, deutsch,
um 1860/80.

821 Gründerzeit-Aufsatzkredenz.
Nussbaum furniert, Berlin,
um 1880/90.

822 Neorenaissance-Aufsatzkredenz.
Nussbaum massiv, Frankreich/Belgien (Henri-II-Stil),
um 1880/90.

823 Gründerzeit-Halbschrank.
Nussbaum furniert, deutsch,
um 1880/90.

824 Neorenaissance-Halbschrank.
Nussbaum massiv und furniert, süddeutsch,
um 1870/90.

825 Gründerzeit-Aufsatztruhenbank.
Eiche massiv und furniert, deutsch,
um 1880/90.

826 Neorenaissance-Paneelentruhenbank.
Eiche massiv, deutsch,
um 1880/90.

827 Gründerzeit-Ausziehtisch.
Nussbaum furniert, deutsch,
um 1880/90.

828 Neorenaissance-Ausziehtisch.
Nussbaum massiv, Frankreich/Belgien (Henri-II-Stil),
um 1880/90.

829 Gründerzeit-Stuhl.
Nussbaum furniert, deutsch,
um 1880/90.

830 Neorenaissance-Stuhl.
Eiche massiv, Frankreich/Belgien (Henri-II-Stil),
um 1880/90.

831 Gründerzeit-Armlehnsessel.
Nussbaum massiv, deutsch,
um 1880/90.

832 Neorenaissance-Armlehnsessel.
Eiche und Nussbaum massiv, deutsch,
um 1870/90.

833 Gründerzeit-Armlehnsessel.
Eiche massiv, deutsch,
um 1880/90.

834 Neorenaissance-Scheren-Armlehnsessel.
Eiche massiv, deutsch,
um 1880/90.

835 Gründerzeit-Stühle.
Nussbaum massiv, deutsch, um 1880/90.

836 Neorenaissance-Stühle.
Nussbaum massiv, deutsch, um 1880/90.

Stilverschmelzungen

Im Gegensatz zu früheren Kunstepochen entstehen im Historismus mehrere Stile fast gleichzeitig. Neogotik, Zweites Rokoko und Louis-Philippe, Neorenaissance und Gründerzeit konkurrieren in einer relativ kurzen Zeitspanne von ca. 50 Jahren nebeneinander. Dabei kommt es manchmal zu so genannten Stilverschmelzungen, wenn ein Möbel die Merkmale zweier Stile in sich vereint.

Obwohl die Stile Louis-Philippe, Gründerzeit und der nachfolgende, eigenständige Jugendstil in Form und Motivik grundlegend differieren, kommt es dennoch zu regelrechten Stilverschmelzungen.

Besonders um 1900 sind Stilverschmelzungen häufig vorzufinden. Dies geschieht, indem etliche Möbel zwar noch eine gründerzeitliche Form besitzen, aber zusätzlich typische florale Motive des Jugendstils vorweisen. Vor allem solche Möbel, die durch ökonomische Fertigungsweisen dem volksweiten Einrichtungsbegehren nahe kommen, verschmelzen oft in sich Stilelemente der Gründerzeit und des andersartigen Jugendstils.

837 **Spiegelschrank.** Palisander furniert, um 1880/90.
Die Stilverschmelzung von Louis-Philippe und Gründerzeit ergibt sich aus der gründerzeitlichen Korpus-Architektur samt Säulen- und Pilasteranlagen sowie den im Louis-Philippe typischen Rocaillen- und Voluten-Applikationen.

838 **Sofa.** Ebonisiertes Holz, um 1870/80.
Die Stilverschmelzung von Louis-Philippe und Gründerzeit zeigt sich in der vorwiegend rokokobehafteten Rückenlehne und den gründerzeitlichen Armlehnen samt Füßen.

839 **Sofa.** Mahagoni massiv, um 1870/80.
Die Stilverschmelzung von Louis-Philippe und Gründerzeit kennzeichnet sich durch eine rokokoisierende Rückenlehne mit seitlicher Gründerzeit-Säulenanlage sowie eines gründerzeitlichen Sockelgestells.

840 **Vitrinenschrank.** Nussbaum furniert, um 1900.
Die Stilverschmelzung von Gründerzeit und Jugendstil ergibt sich aus einem typischen Gründerzeit-Korpus mit Säulen, Kassettierungen und Diamantierungen sowie einer Jugendstil-Verglasung und einer dezenten Türbogen-Applikation.

841 **Büffet.** Nussbaum furniert, um 1900.
Die Stilverschmelzung von Gründerzeit und Jugendstil zeigt sich durch einen gründerzeitlichen Korpus mit floralen Füllungsreliefierungen, Buntverglasung und Jugendstil-Beschlägen.

842 **Aufsatzvertiko.** Nussbaum massiv, um 1900.
Die Stilverschmelzung von Gründerzeit und Jugendstil wird an einem gründerzeitlichen Korpus durch florale Füllungsbeschnitzungen und Jugendstil-Beschlägen vollzogen.

843 **Vertiko.** Nussbaum massiv, um 1900. Die Stilverschmelzung von Gründerzeit und Jugendstil wird ersichtlich durch einen gründerzeitlichen Korpus mit Säulen und Balustern sowie florale Füllungsbeschnitzungen des Jugendstils.

FACHWORTVERZEICHNIS

Akanthus: Blattförmiges Zierstück; Blattornament nach einer im Mittelmeer heimischen und wegen ihrer schönen Blätter benannten Pflanze.

Applike: Zierstück, das auf Möbelteile aufgesetzt ist.

Applikationen: S. oben; aufgesetztes Zierstück am Möbelkorpus.

Arkade: Bogen oder Bogenreihe als flächengliederndes Element; auf Pfeilern oder Säulen ruhend.

Aufriss: Darstellung eines Gegenstandes in einer senkrechten Ebene; Architekturzeichnung oder Möbelzeichnung in senkrechter Projektion.

Baluster: Auch Docke genannt; stark gebauchte Säule; meist in gedrechselter und profilierter Ausführung.

Balustrade: Brüstungsgeländer aus kleinen Säulen; geländerartige Einfassung von Möbelteilen (Baluster-Galerie oder Zierbalustrade).

Barock: Stilepoche der europäischen Kunst von etwa 1600 bis 1770.
Merkmale: kraftvolle, üppige Formen; reiche, kurvige Linienführung; Streben nach Pracht und Repräsentation. Inbegriff des höfischen Stils.

Base: Fußstück einer Säule oder eines Pilasters; Sockel eines Baugliedes.

Basküle: Stangenschloss an Möbeltüren und Fenstern.

Bastionsfüllung: Füllungsfeld in Form von Schanzenfüllungen.

Biedermeier: Letzte Stilphase des Klassizismus, von etwa 1810 (Frühbiedermeier) bis 1850 (Spätbiedermeier). Ausbreitung vorwiegend im deutschsprachigen Raum.
Merkmale: Schlichtheit in Form und Ausschmückung; Dominanz des Furniers; Vorliebe für Obsthölzer, Mahagoni und Birke; in der Tendenz ein antihöfischer Stil mit bürgerlichem Charakter.

Blattrankenschnitzereien: Schnitzereien mit stilisierten Blattornamenten.

Bordüre: Einfassung, Besatz von Textilien.

Boudoir: (Geschmackvoll und qualitätsvoll) eingerichtetes Damenzimmer.

Brokat: Kostbares, mit Gold- oder Silberfäden durchwirktes Seidengewebe.

Büste: Plastische Darstellung eines Menschen vom Kopf bis zur Brust.

Butzenscheiben: Kleine, bleigefasste Glasstücke aus meist grünlichem Glas mit mittigen Erhöhungen (Butzen), in Fensterrahmen eingesetzt; beliebte Fenstergestaltung in der Renaissance und Neorenaissance (Gründerzeit).

Chiffonière: Pfeilerkommode; schmale, hohe Kommode mit zahlreichen (meist sechs bis sieben) übereinanderliegenden Schubladen.

Chimäre: Ungeheuer der griech. Sage.

Diamantierung: Appliziertes Zierstück an Möbeln in der Art geschliffener Diamanten; beliebtes Dekorationselement der Renaissance und Neorenaissance (Gründerzeit).

Docke: Baluster; gedrehte (kurze) Säule.

Eierstab: Zierleiste mit eiförmigen Gebilden.

ebonisieren: Schwarz fassen, beizen oder lackieren; abgeleitet vom sehr dunklen Ebenholz.

Empire: Stilbezeichnung für die mittlere Phase des Klassizismus von etwa 1800 bis 1815/20. Unter starkem Einfluss des napoleonischen Kaiserreiches. Höfischer Stil.
Merkmale: meist strenge, geradlinige Grundform; auffälliger prunkvoller Zierrat aus Edelmetallen (z. B. Sphingen, Greifvögel, Karyatiden, Hermen, Urnenvasen, Säulen etc.); Vorliebe für ebonisierte Hölzer und Mahagoni in meist furnierter Verarbeitung.

Etagère: Offenes Regalgestell; Möbelaufsätze oder Gliederungsanlagen mit dreiseitig offenen Zwischenfächern.

Fadenintarsien: Sternförmige Einlage mit Hell-Dunkel-Kontrasten.

Faltstern: Linienförmige Einlagen, farbdifferent zur Fläche.

Fauteuil: Frz. Bezeichnung für Sessel oder Armlehnstuhl

Feston: Schmuckmotiv in Form einer Girlande bzw. eines Bogengehänges aus Blumen, Blättern und Früchten; beliebtes Zierelement des frühen Klassizismus.

Fiale: Schlankes, spitzes Türmchen; meist Zierelement der Gotik.

Fitschen: Drehbare, ineinandergreifende Bänder zur Außenaufhängung der Türen; auch Fitschbänder genannt.

Flammleiste: Wellige, profilierte Zierleiste.

Freischwinger: Sonderform des Federzug-Regulators. Unteres Gehäuseteil nicht umbaut. Pendel schwingt frei vor der Rückwand der Uhr.

Fries: Schmaler Flächenstreifen zwischen Gliederungselementen, z. B. am Kopfteil; meist zur Abgrenzung oder Umsäumung einer Fläche.

Füllungen: Dünne, flächige Bretter, die in einen Rahmen mittels einer Nut eingearbeitet sind, z. B. bei Schranktüren.

Gesims: Waagrechtes, ausladendes, meist profiliertes Bauelement, das ein Möbel horizontal gliedert, z. B. oberer Möbelabschluss.

Giebel: Dachförmiger Abschluss eines Möbels.

Girlande: Schmuckmotiv in Gestalt eines Bogengehänges aus Blumen, Früchten o.ä.; auch Feston genannt.

Gotik: Stilepoche der europäischen Kunst von etwa 1200 bis 1500. Hoch- und spätmittelalterliche Epoche.
Merkmale: allgemeine Tendenz zur vertikalen Ausrichtung; Spitzbögen; Fialen etc.

Gründerzeit: Kunststilistischer Begriff für eine späte Stilphase des Historismus von etwa 1871 bis 1914. Ausprägung und Ausweitung der Neorenaissance entsprechend deutscher Stilauffassung. Neostilistische Anlehnung an die deutsch-niederländische Renaissance. Volksweite Verbreitung im Deutschen Kaiserreich. Nach dessen Gründung und wirtschaftlichen Folgereaktionen benannt. Auffällige Wohnkultur mit Tendenz zu Repräsentation und Fülle. Geprägt von nationaler Besinnung und Rückbesinnung. Gekennzeichnet durch Nationsfindung, Industrialisierung und Wirtschaftsaufschwung.
Merkmale: kantige Grundformen; Tendenz zu reicher Gliederung und Ausschmückung durch Stilelemente der Renaissance (z. B. Säulen, Pilaster, Kapitelle, Basen, Kannelierungen, Diamantierungen, Profilierungen, Reliefierungen, Zierknäufe, Baluster, bekrönende Aufsätze etc.); Dominanz von Nussbaum- und Eichenhölzern. Insgesamt eigenständige Stilauffassung der Neorenaissance in Deutschland. Klare Abgrenzung z. B. zu französischer Stilauffassung der Neorenaissance.

Gurtgesims: Horizontalstreifen zur Markierung von Geschossen (= Hauptgliederungsteile von mehrgliedrigen Möbeln).

Historismus: Kunststilistischer Überbegriff für mehrere kurzfristig aufeinanderfolgende beziehungsweise gleichzeitig erfolgende Neostile von etwa 1830/40 bis 1914 (Jugendstil ausgenommen). Die Stile Neogotik, Zweites Rokoko und Louis-Philippe, Neorenaissance (in Deutschland: Gründerzeit), Drittes Rokoko und Drittes Barock sind gekennzeichnet durch stilistische Rückgriffe und Anlehnungen an frühere Kunstepochen. Dennoch fließt eigenständiges Kunstschaffen mit ein. Möbeltypen werden aktualisiert. Neue Möbeltypen werden hervorgebracht. Die zeitgemäße Zweckdienlichkeit steht dabei im Vordergrund, zusammen mit der Absicht, den Kunstgehalt im Einrichtungsgut beizubehalten. Neben künstlerischer auch gesellschaftliche Ausdrucksform des mittleren und späten 19. Jahrhunderts. Geprägt und beeinflusst durch aufkommende Technisierung und Industrialisierung, allgemeine Mobilität und Informationsfluss, Reformierung des Kunstgewerbes, Kunst- und Industrieausstellungen, Zusammenwirken von Kunst und Industrie.

Hohlkehle: Stark ausgeformte, rillenartige Vertiefung, vor allem bei Profilen; sog. Hohlkehlenprofil.

Intarsie: Geometrische, ornamentale oder figürliche Verzierung von Flächen an Möbeln durch Einlegearbeiten mit andersfarbigen Hölzern oder nichthölzernen Materialien, wie z. B. Metall, Elfenbein, Stein.

Jahresringe: Jährliche ringförmige Zuwachsschicht des Baumes.

Jugendstil: Deutsche Bezeichnung für die dem Historismus um etwa 1890 entgegentretende und ihn ablösende Stilepoche; bis in die 20er Jahre des 20. Jahrhunderts dominant.
Merkmale: klare, meist stark stilisierte Naturformen mit Dominanz von floraler Motivik.

Kannelierungen: Parallel verlaufende Rillen oder Furchen, die eine Fläche oder ein Element senkrecht gliedern, z. B. Säulen, Pilaster, Lisenen.

Kapitell: Oberer, ausladender Abschluss von Säulen, Pfeilern oder Pilastern.

Karnies: S-förmig profilierte Leiste, z. B. bei Kopf- und Sockelabschlüssen.

Kartusche: Schildförmiges Ornament mit Laubwerk und/oder Rocaillen.

Karyatide: Weibliche Säulenfigur (Gebälkträgerin), meist anstelle oder in Funktion eines Kapitells.

Kassettenfüllungen: Füllungsähnliche, in Rahmen eingearbeitete Bretter, deren Fronten erhaben sind.

Kernholz: Das Innere des Holzstammes; im Gegensatz zum umgebenden Splintholz.

Klassizismus: Kunststilistischer Überbegriff für die Zeit von etwa 1770 bis 1830 (bei Berücksichtigung des Spätbiedermeier bis 1850). Vereint die drei klassizistischen Kunststile Louis-Seize, Empire und Biedermeier. Motivik hauptsächlich der klassischen Antike entnommen.

Kompositsäule: Säule, deren Schaft aus Baluster und konischem Teilstück besteht.

Korinthisches Kapitell: Kopfstück einer Säule mit Akanthusblattdekor.

Korpus: Bezeichnung für den Kastenteil eines Behältnismöbels.

Kreuzblumenschnitzerei: Schnitzerei mit kreuzförmigen Blattornamenten.

Kröpfung: Vorspringende, mehrfache Abwinkelung einer Leiste, z. B. bei Gesimsprofilierungen.

Kubus (Kuben): Würfel; kantige, kastenförmige Grundform.

Kyma: Zierleiste mit stilisierten Ei- oder Blattformen.

Lippenprofil: Feine, aufgesetzte Profilierung mit schmalen Halbstäben.

Lisene: Flache, senkrechte Leiste zur Gliederung einer Fläche, z. B. Fläche zwischen seitlichem Eckteil und Türrahmen bei Schränken.

Louis-Philippe: Bürgerliche Möbelstil-Variante des Zweiten Rokoko. Vereinfachung und Reduzierung von Form und Material. Elegantformberuhigte Interpretation des höfischen Rokoko. Volks- und länderweite Verbreitung von ca. 1840/45 bis 1870. Benannt nach dem franz. Bürgerkönig Louis Philippe. Um 1890/1900 erneutes Aufleben als Kontrapunkt zum gleichzeitigen Gründerzeit-Möbelstil.

Louis-XVI: Stilbezeichnung für die frühe Phase des Klassizismus von etwa 1770 bis 1805. Nach dem französischen König Ludwig XVI. benannt. Auch als Zopfstil bezeichnet. In Schreibform: Louis-Seize.

Markstrahlen: Auch Holzstrahlen genannt. Radial gerichtetes Gewebe im Baumstamm, das Rinde und Holz miteinander verbindet und versorgt.

Mäanderband: Aus der Antike stammendes, rechtwinklig gebrochenes Ornamentband; häufige Verwendung im Klassizismus als Einfassungsintarsie.

Marketerie: Einlegearbeit von verschiedenfarbigen Hölzern in das Furnier.

Maroquin: Ziegenleder.

Maskaron: Appliziertes oder aus vollem Holz geschnitztes Zierstück in Form einer Maske; dekoratives, plastisches Schmuckelement.

Neogotik: Kunststilistischer Begriff für eine Stilphase des Historismus von etwa 1830/40 bis 1890/1900. Neostilistische Ausprägung der Gotik. Verbreitung häufiger an und in Burgen und Schlössern als in volksweiter Einrichtung.
Merkmale: allgemeine Tendenz zur vertikalen Ausrichtung; Spitzbögen, Kreuzblumenmotivik, Zinnenkränze, Fialen etc.

Neorenaissance: Kunststilistischer Begriff für eine Stilphase des Historismus von etwa 1845 bis 1900. Neostilistische Ausprägung der Renaissance. Merkmale: Fassadenstil, auffallend reiches, plastisches Schnitzwerk, figürliche Darstellungen aus Religion und Mythologie; differenzierte Gliederung durch Säulen, Pilaster, Baluster, Diamantierungen etc.

Ornament: Geometrische oder naturalistische Verzierung.

Palmette: Ornament mit symmetrisch fächerartig angeordneten Blättern.

Pilaster: Flacher Wandpfeiler anstelle einer voluminösen Säule, z. B. bei Schränken seitlich an den Lisenen angebracht, oft von Kapitellen und Basen begrenzt.

Plafond: Zimmerdecke, mit Stuck oder mit Gemälden verziert.

Portiere: Türvorhang aus Stoff.

Postament: Unterbau eines tragenden Elements, z. B. einer Säule oder Stütze; oder Möbelstück in Form eines Ständers (z. B. Blumenständer, Vasenständer); meist in säulenartiger Form.

Regulator: Häufig vorkommende und beliebte Wanduhr des 19. und frühen 20. Jahrhunderts. Entstanden aus dem sog. „Wiener Regulator" im ersten Drittel des 19. Jahrhunderts. In Frühform mit Gewichtsantrieb und entsprechend großem Gehäuse. In Spätform mit Federzugantrieb und mit meist verkleinertem Gehäuse.

Relief (Reliefierung): Aus einer Fläche erhaben vortretende figürliche oder ornamentale Bildnerei.

Renaissance: Stilepoche der europäischen Kunst von etwa 1420 bis 1650. Nachmittelalterliche, die Neuzeit einleitende Epoche. Merkmale: Dekorative Gliederungen; Säulen, Pilaster, Baluster; Schnitzwerk; Reliefierungen etc.

Risalit: Vorbau; nach vorne ausladendes Möbelteil.

Rocaille: Schwungvoll gebogtes Muschelornament; beliebtes Hauptmotiv des Rokoko und des Louis-Philippe.

Rokoko: Spätphase des Barock von etwa 1730 bis 1770. Merkmale: Bewegte Konturen; geschwungene und geschweifte Formen; Muschelornamente (Rocaillen); reiche Ausschmückung. Inbegriff des höfischen Stils.

Romanik: Stilepoche der europäischen Kunst von etwa 1000 bis 1250. Vorwiegend sakrale Kunst, die in Kirchen- und Klosterarchitektur vorherrschte.

Rosette: Kreisförmiges Ornament; oft als appliziertes Zierstück an Möbelteilen vorkommend.

Sabot: Schuhartige, meist edelmetallische Einfassung von Möbelfüßen. Häufige Verwendung im Rokoko.

Schaft: Mittleres, langgestrecktes Element einer Säule.

Schlagleiste: An der (verschließbaren) Schranktür befestigte, den senkrechten Türspalt verdeckende Leiste.

Segmentgiebel: Kreis- oder kugelabschnittsmäßiger Ziergiebel.

Spitzbogen: Zwei winklig zusammenstoßende Kreisbögen; beliebtes Motiv und Bauelement der Gotik.

Sphinx (Sphingen): Geflügelter Löwe mit Frauenkopf; der Antike entstammendes Mischwesen; beliebtes Zierelement des Klassizismus; besonders des Empire.

Splintholz: Randzone des Holzstammes; im Gegensatz zum inneren, älteren und härteren Kernholz.

Sprenggiebel: Geschweifter, mittig offener Giebel.

Textur: Zeichnung des Holzes, die bei Längsschnitten oder beim Rundschälen hervorkommt.

Tischuhr: Kleine Standuhr (Höhenmaß ca. 40 bis 50 cm), die meist auf halbhohen Behältnismöbeln, jedoch selten auf Tischen steht. Der Begriff „Tischuhr" stammt aus dem 16. Jahrhundert. In der Renaissance wurden mangels halbhoher Behältnismöbel eigens Tische für derartige Uhren angefertigt.

Vestibül: Eingangshalle, repräsentativer Vorraum.

Volute: Spiralförmig eingerolltes Ornament, das oft als Schmuckmotiv dient.

Weichholz: Weichhölzer = Nadelhölzer. Weicher und leichter als Laubhölzer = Harthölzer. Weichholz hier als Sammelbegriff für die vorwiegend aus Tanne, Fichte und Kiefer ökonomisch hergestellten Möbel, welche im Original mit Hartholz imitierenden Lasuren versehen waren.

Zahnschnittleiste: Zierleiste mit in Abständen aneinander gereihten, würfelförmigen Klötzchen.

Zarge: Waagrechtes Verbindungsstück zwischen Pfosten, z. B. Zargenrahmen bei Sitzmöbeln.

Ziselieren: Kunstvolles Einarbeiten in Metall mit Punze oder Ziselierhammer.

Zweites Rokoko: Kunststilistischer Begriff für eine frühe Stilphase des Historismus von etwa 1840 bis 1870/90. Neostilistische Ausprägung des Rokoko. Merkmale: wie im Rokoko Dominanz der geschwungenen und geschweiften Form; reiche Ausschmückung mit Edelmetallen und Vergoldungen; Rocaille als Hauptmotiv.

LITERATURVERZEICHNIS

Andés, Louis Edgar: Die technischen Vollendungs-Arbeiten der Holzindustrie. Wien 1895

Aslin, Elisabeth: 19th Century English Furniture. London 1962

Asmus, Gesine (Hrsg.): Hinterhof, Keller und Mansarde. Einblicke in Berliner Wohnungselend 1901 – 1920. Reinbek b. Hamburg 1982

Austen, Brian: Englische Möbel im Lauf der Jahrhunderte. München 1975

Bach, Max: Die Renaissance im Kunstgewerbe. Sammlung ausgeführter Gegenstände des XVI. und XVII. Jahrhunderts. Stuttgart 1884

Badstübner, Ernst: Kunstgeschichtsbild und Bauen in historischen Stilen. In: Klingenburg, Karl-Heinz (Hrsg.): Historismus. S. 30 – 50. Leipzig 1985

Bahns, Jörn: Biedermeier-Möbel. Entstehung – Zentren – Typen. München 1979

Bahns, Jörn: Zwischen Biedermeier und Jugendstil. Möbel im Historismus. München 1987

Bangert, Albrecht: Gründerzeit. Kunstgewerbe zwischen 1850 und 1900. München 1976

Bangert, Albrecht: Kleinmöbel aus drei Jahrhunderten. München 1978

Bangert, Albrecht: Thonet-Möbel. Die Geschichte einer großen Erfindung. München 1979

Barbek, Cary H./Langstädler Frank (Fa. Medusa): Klassiker. Gebrauchsmöbel der Jahrhundertwende. Beschreibungen und Zeichnungen. Hamburg 1990 (Reprint)

Baur-Heinold, Margarete: Deutsche Bauernstuben. Stuttgart 1975

Beck, Rainer: Streifzüge durch die Jahrhunderte. Ein historisches Lesebuch. München 1987

Behr, Carl: Entwicklung der Möbelindustrie in Deutschland während der letzten 10 Jahre. Mainz 1880

Behr, Carl: Über Dekoration und Möblierungen unserer Wohnungen. Mainz 1881

Benker, Gertrud: Bürgerliches Wohnen. München 1984

Boehmer, Günter: Die Welt des Biedermeier. München 1968

Böhm, Max von: Biedermeier. Berlin 1911

Bolle, Fritz (Hrsg.): Spiegel des Wissens. Das aktuelle Lexikon. München 1956

Born, Erwin: Die Kunst zu Drechseln. München 1983

Brakelmann, Günter: Die soziale Frage des 19. Jahrhunderts. Bielefeld 1975

Brauch, Margot: Kleinmöbel. München 1979

Brues, Eva: Karl Friedrich Schinkels Lebenswerk. Berlin 1968

Brunhammer, Yvonne: Meubles et Ensembles – Restauration, Louis Philippe. Paris 1960

Der Bundesminister für Arbeit und Sozialordnung (Hrsg.): … es begann in Berlin … Bilder und Dokumente aus der deutschen Sozialgeschichte. Katalog zur Ausstellung – anlässlich der 750-Jahr-Feier Berlins. Berlin 1987

Dewiel, Lydia: Biedermeier. München 1977

Dewiel, Lydia: Französische Möbel. München 1978

Dewiel, Lydia: Möbelstilkunde. München 1980

Dewiel, Lydia: Stühle und andere Sitzmöbel. München 1982

Doderer, Otto: Biedermeier. Mannheim 1958

Dollinger, Hans: Preußen. Eine Kulturgeschichte in Bildern und Dokumenten. Gütersloh, Wörthsee 1985

Dolz, Renate: Möbelstilkunde. München 1968

Dolz, Renate: Bauernmöbel. München 1972

Ehret, Gloria/Andrews, John: Englische Möbel. München 1980

Falke, Jakob von: Geschichte des Modernen Geschmacks. Leipzig 1866

Falke, Jakob von: Die Kunst im Hause. Wien 1871

Falke, Jakob von: Aesthetik des Kunstgewerbes. Handbuch für Haus, Schule und Werkstätte. Stuttgart 1883

Feuchtmüller, Rupert/Mrazek, Wilhelm: Kunst in Österreich 1860 – 1918. Wien, Hannover, Bern 1964

Feulner, Adolf: Kunstgeschichte des Möbels seit dem Altertum. Berlin 1927

Forkel, Martina/Ottenjann, Helmut (Hrsg.): Wohnen im „Stil“ des Historismus. Cloppenburg 1990

Forkel, Martina: Die Werkstattbücher der Schreinerei Ruckdeschel in Wunsiedel ab 1874, in: Veröffentlichungen zur Volkskunde und Kulturgeschichte, Bd. 26. Würzburg 1987

Götz, Wolfgang: Historismus. Ein Versuch zur Definition des Begriffs. In: Zeitschrift des Deutschen Vereins für Kunstwissenschaft 24 (1970)

Gradmann, Erwin: Möbelstilkunde. Bern 1978

Graef, August: Der Landtischler. Entwürfe zu einfachen Möbeln für das Haus des Bürgers und Landmannes. Weimar 1894 und Hannover 1991 (Reprint)

Graef, August/Graef, Max: Der Dorfschreiner. Vorlagen von Möbeln und anderen Schreinerarbeiten für die einfachsten Verhältnisse. Erfurt 1900 und Hannover 1992 (Reprint)

Großmann, G. Ulrich/Krutisch, Petra (Hrsg. im Auftrag des Zweckverbands Weserrenaissance-Museum Schloss Brake): Renaissance der Renaissance. Ein bürgerlicher Kunststil im 19. Jahrhundert. Schriften des Weserrenaissance-Museum Schloss Brake Band 5. Katalog zur Ausstellung. München, Berlin 1992

Grandjean, Serge: Empire Furniture. London 1966

Günther, Sonja: Das deutsche Heim. Luxusinterieurs und Arbeitermöbel von der Gründerzeit bis zum „Dritten Reich“. Gießen 1984

Gurlitt, Cornelius: Im Bürgerhause. Plaudereien über Kunst, Kunstgewerbe und Wohnungs-Ausstattung. Dresden 1888

Haaff, Rainer: Das Süddeutsche Biedermeier. Westheim/Pfalz 1991

Haaff, Rainer: Gründerzeit – Möbel und Wohnkultur. Westheim/Pfalz 1992

Haaff, Rainer: Das Preisbuch zum Buch „Das Süddeutsche Biedermeier." Germersheim 1995

Haaff, Rainer: Gründerzeit-Möbel. Hartholzmöbel, Weichholzmöbel. München 1995

Haaff, Rainer: Weichholzmöbel von Barock bis Jugendstil. Germersheim 1996

Haaff, Rainer: Gründerzeit-Möbel. Hartholzmöbel, Weichholzmöbel. München 2002 (3. erweiterte Auflage)

Haaff, Rainer: Louis-Philippe-Möbel. Bürgerliche Möbel des Historismus. Stuttgart 2004

Haaff, Rainer: Eichenmöbel von Barock bis Jugendstil. Bürgerliche und ländliche Möbel. Germersheim 2005

Hamann, Richard/Hermand, Jost: Gründerzeit. München 1971

Hansen, Hans-Jürgen (Hrsg.): Das pompöse Zeitalter.Oldenburg und Hamburg 1970

Heinemeyer, Elfriede/Ottenjann, Helmut: Alte Bauernmöbel aus dem nordwestlichen Niedersachsen. Leer 1978

Hellwag, Fritz: Die Geschichte des Deutschen Tischlerhandwerks. Berlin 1924

Henning, Friedrich-Wilhelm: Die Industrialisierung in Deutschland 1800 bis 1914. Paderborn 1976

Hentschel, Volker: Die moderne Revolution III: Industrielle Revolution. In: Funkkolleg Geschichte. Studienbegleitbrief 8, S. 101 – 148. Weinheim, Basel 1980

Himmelheber, Georg/Kreisel, Heinrich: Die Kunst des deutschen Möbels. Dritter Band. Klassizismus/Historismus/Jugendstil. München 1973

Himmelheber, Georg: Biedermeiermöbel. München 1987

Himmelheber, Georg: Deutsche Möbelvorlagen 1800 – 1900. Ein Bilderlexikon. München 1988

Hinz, Sigrid: Innenraum und Möbel. Von der Antike bis zur Gegenwart. Berlin 1976

Hirth, Georg: Der Formenschatz der Renaissance. München 1877

Hirth, Georg: Das Deutsche Zimmer vom Mittelalter bis zur Gegenwart. Vierte, unter Mitwirkung von Karl Rosner erweiterte Auflage in zwei Bänden. München, Leipzig 1898 – 1899

Holm, Edith: Stühle. Von der Antike bis zur Moderne. Eine Stilgeschichte des Sitzmöbels. München 1978

Jacobeit, Sigrid/Jacobeit, Wolfgang: Illustrierte Alltagsgeschichte des deutschen Volkes 1810 – 1900. 2. Band. Köln 1987

Jedding, Hermann u. a.: Hohe Kunst zwischen Biedermeier und Jugendstil: Historismus in Hamburg und Norddeutschland. Katalog zur Ausstellung. Hamburg 1977

Klatt, Erich: Die Konstruktion alter Möbel. Stuttgart 1961

Klingenburg, Karl-Heinz (Hrsg.): Historismus. Aspekte zur Kunst im 19. Jahrhundert. Leipzig 1985

Köllmann, Wolfgang: Die Industrielle Revolution. Stuttgart 1972

Krauth, Theodor/Meyer, Franz Sales: Die gesamte Möbelschreinerei. Mit besonderer Berücksichtigung der kunstgewerblichen Form. Leipzig 1902 u. Hannover 1980 (Reprint)

Kreisel, Heinrich: Die Kunst des deutschen Möbels. 2. Band. Spätbarock und Rokoko. München 1970

Kugler, Anton: Bauernmöbel. München 1979

Lange, Annemarie: Berlin zur Zeit Bebels und Bismarcks. Zwischen Reichsgründung und Jahrhundertwende. Berlin 1972

Lange, Irene: Bauern- und Landhausmöbel. München 2001

Lehmann, Jirina (Hg.): Das Werkstattbuch des Johann Arendt Müller zu Quakenbrück. München 2002

Lehnert, Georg (Hrsg.): Illustrierte Geschichte des Kunstgewerbes. Band 2. Berlin o. J. (ca. 1910)

Linnenkamp, Rolf: Die Gründerzeit 1835 – 1918. München 1976

Lübke, Wilhelm: Bericht über die künstlerische Abteilung der Allgemeinen Ausstellung zu Paris. Stuttgart 1867

Lützow, Carl von (Hrsg.): Kunst und Kunstgewerbe auf der Wiener Weltausstellung 1873. Leipzig 1875

Luthmer, Ferdinand: Malerische Innenräume aus Gegenwart und Vergangenheit. Frankfurt o. J. (ca. 1890)

Luthmer, Ferdinand: Deutsche Möbel der Vergangenheit. Leipzig 1903

Lux, Josef August: Von der Empire- zur Biedermeierzeit. Stuttgart 1906

Mang, Karl: Geschichte des modernen Möbels. Von der handwerklichen Fertigung zur industriellen Produktion. Stuttgart 1978

Mehner, H.: Der Haushalt und die Lebenserwartung einer Leipziger Arbeiterfamilie. In: Jahrbuch für Gesetzgebung, Verwaltung und Volkswirtschaft im Deutschen Reich. Leipzig 1887

Meier-Oberist, Edmund: Kulturgeschichte des Wohnens im abendländischen Raum. Hamburg 1956

Meister, P. W./Jedding, Hermann: Das schöne Möbel im Lauf der Jahrhunderte. München 1958

Meyers Enzyklopädisches Lexikon: Band 11: Gros-He. Mannheim 1974

Moeller: Die Hausfrau in ihrem Schalten und Walten. Ulm o. J. (ca. 1880)

Mommsen, Wolfgang J. (Hrsg.): Das Zeitalter des Imperialismus. Fischer Weltgeschichte. Band 28. Frankfurt am Main 1969

Müller-Christensen, Sigrid: Alte Möbel. München 1960

Müller, Carl u. a.: Firmenbuch des Hoflieferanten Carl Müller & Comp. Berlin – Leipzig o. J. (ca. 1885)

Mundt, Barbara: Historismus. Kunsthandwerk und Industrie im Zeitalter der Weltausstellungen. Kataloge des Kunstgewerbemuseums Berlin, Band 7. Berlin 1973

Mundt, Barbara: Historismus. Kunstgewerbe zwischen Biedermeier und Jugendstil. München 1981

Nachtigall, Helmut: Hessische Bauernmöbel. Gießen 1981

Nagel, Gert: Möbel. München 1977

Niederhöfer, Philipp (Hrsg.): Der Frankfurter Möbel-Bazar. Frankfurt/Main o. J. (ca. 1880)

Niederhöfer, Philipp (Hrsg.): Kleine Möbel. Frankfurt/Main o. J. (ca. 1880)

Niederhöfer, Philipp (Hrsg.): Skizzenbuch des Frankfurter Möbel-Bazars. Frankfurt/Main o. J. (ca. 1880)

Niethammer, Lutz (Hrsg.): Wohnen im Wandel. Beiträge zur Geschichte des Alltags in der bürgerlichen Gesellschaft. Wuppertal 1979

Nipperdey, Thomas: Historismus und Historismuskritik heute. Bemerkungen zur Diskussion. In: Gesellschaft, Kultur, Theorie. Gesammelte Aufsätze zur neueren Geschichte. S. 59 ff. Göttingen 1976

Österreichisches Museum für angewandte Kunst (Hrsg.): 100 Jahre Österreichisches Museum für angewandte Kunst. Kunstgewerbe des Historismus. Wien 1964

Ottenjann, Helmut/Wiegelmann, Günter (Hrsg.): Alte Tagebücher und Anschreibebücher. Quellen zum Alltag der ländlichen Bevölkerung in Nordwesteuropa. Münster 1982

Ottenjann, Helmut: Mode. Tracht. Regionale Identität. Historische Kleidungsforschung heute. Cloppenburg 1985

Ottenjann, Helmut: Erforschung und Dokumentation der historischen Volkskultur Niedersachsens. Cloppenburg 1988

Ottomeyer, Hans (Hrsg.): Biedermeiers Glück und Ende ... die gestörte Idylle 1815 – 1848. Katalog zur Ausstellung. München 1987

Ottomeyer, Hans: Zopf- und Biedermeiermöbel. München 1991

Orthband, Eberhard: Bildbuch deutscher Geschichte. Lampheim 1955

Pecht, Friedrich: Kunst und Kunstindustrie auf der Wiener Weltausstellung. Stuttgart 1873

Pieske, Christa: Wandschmuck im bürgerlichen Heim um 1870. In: Niethammer, Lutz (Hrsg.): Wohnen im Wandel. Wuppertal 1979, S. 252 – 264

Praz, Mario: Die Inneneinrichtung von der Antike bis zum Jugendstil. München 1964

Pressler, Rudolf/Straub, Robin: Biedermeier-Möbel. München 1986

Redlefsen, Ellen: Möbel in Schleswig-Holstein. Katalog der Möbelsammlung des Städtischen Museums Flensburg. Heide 1983

Richter, Gert: Erbauliches, belehrendes, wie auch vergnügliches Kitsch-Lexicon von A bis Z. Gütersloh, Berlin, München, Wien 1972

Roters, Eberhard: Aspekte der Gründerzeit. Ausstellung in der Akademie der Künste 1974. Berlin 1974

Schmidt, Robert: Möbel. Ein Handbuch für Sammler und Liebhaber. Berlin 1917

Schmitz, Hermann: Das Möbelwerk. Tübingen 1951

Schwenke, Friedrich (Hrsg.): Gründerzeit. Möbel- und Zimmereinrichtungen. 2 Bände. Berlin 1881/1884 und Hannover 1985 (Reprint, wieder aufgelegt und zusammengefasst)

Seidel, Joachim: Möbelherstellung und Möbelhandel 1850 – 1914 mit Ausblicken auf Unterfranken. (Veröffentlichung zur Volkskunde und Kulturgeschichte, Band 21). Würzburg 1986

Selle, Gert: Die Geschichte des Design in Deutschland von 1870 bis heute. Entwicklungen der industriellen Produktkultur. Köln 1978

Semper, Gottfried: Erfindungen der neuesten Zeit. Leipzig 1883

Staatliche Kunstsammlungen Kassel (Hrsg.): Historismus. Angewandte Kunst im 19. Jahrhundert. Band 1. Katalog zur Ausstellung. Kassel 1987

Sterner, Gabriele/Bangert, Albrecht: Jugendstil. Art Déco. München 1979

Stinde, Julius: Die Familie Buchholz. Aus dem Leben der Hauptstadt. Berlin 1884

Thornton, Peter: Innenarchitektur in drei Jahrhunderten. Die Wohnungseinrichtung nach zeitgenössischen Zeugnissen von 1620 – 1920. Herford 1985

Weber-Kellermann, Ingeborg: Frauenleben im 19. Jahrhundert. Empire und Romantik, Biedermeier, Gründerzeit. München 1983

Weber-Kellermann, Ingeborg: Vom Handwerkersohn zum Millionär. Eine Berliner Karriere des 19. Jahrhunderts. München 1990

Winzer, Fritz: DuMont's Lexikon der Möbelkunde. Künstler – Stile – Begriffe. Köln 1982

Wolf, Alois: Aus alten Stuben und Kammern. München 1982

Zentner, Christian: Illustrierte Geschichte des deutschen Kaiserreiches. München 1986

Ziegenhorn/Jucker: Rückblick auf die historischen Möbelformen im Zusammenhang mit der modernen Raumkunst. Erfurt 1900

Zinnkann, Heidrun: Mainzer Möbelschreiner der ersten Hälfte des 19. Jahrhunderts. Schriften des Historischen Museums Frankfurt am Main. Band 17. Frankfurt 1985

Zweig, Marianne: Zweites Rokoko. Innenräume und Hausrat in Wien 1830 – 1860. Wien 1924

Unveröffentlichte Quellen

Niederhöfer, Jakob: Geschichte und Entwicklung der Firma Niederhöfer. Rückblickendes Resümee in Form einer Niederschrift von 1910. Privatarchiv

Verfasser unbekannt: Berechnungsbuch der Firma Niederhöfer 1879 – 1902. Teilweise erhaltenes, unvollständiges Betriebsdokument mit Berechnungen der Selbstkosten von ausgeführten Möbeln. Privatarchiv

ABBILDUNGSVERZEICHNIS

Herzlicher Dank ergeht an alle im Abbildungsverzeichnis angeführten Händler, Sammler und Auktionshäuser, die großzügig Abbildungsmaterialien zur Verfügung stellten und bereit waren, ihre Handelspreise bzw. Preiseinschätzungen bekanntzugeben.

ANTIQUITÄTEN

ANTIQUITÄTEN – J. GELS
Antiquitäten
Joachim Gels
Geschäftszeiten:
Montag bis Freitag:
15.00 – 19.00 Uhr
Samstag:
10.00 – 15.00 Uhr
Außerhalb dieser Zeiten sind Besuche jederzeit möglich.Wir bitten jedoch um vorherige telefonische Absprache.

Gründerzeit-Keller Berlin
Suchaufträge für ausgefallene Möbel oder Uhren werden gerne entgegengenommen.
Prunkspiegel um 1880
Kaminuhr Lenzkirch
Kaminuhr um 1900
Spieluhr Symphonion
Immer ein ausgefallenes Angebot an Möbel, Uhren, Spieluhren und Lampen
Kaminuhr Junghans
Kaminuhr Lenzkirch
Wanduhr Lenzkirch
Wanduhr Lenzkirch
Hermann Schmutzler · Magdeburger Platz 2 · 10785 Berlin
Öffnungszeiten: Fr. 14 - 18 Uhr · Sa. 10 - 14 Uhr
Tel. (030) 262 57 28 · Mobil (0171) 835 18 32
www.gruenderzeit-keller.de

Rainer Haaff

Louis-Philippe-Möbel

Bürgerliche Möbel des Historismus

Mit aktuellen Marktpreisen in € und US$!

240 Seiten, über 600 Abbildungen in Farbe und Schwarz-weiß. Hardcover mit Schutzumschlag.

ISBN 3-89790-207-9

Das erste umfassende Werk über Louis-Philippe-Möbel aller Qualitäten und Preislagen mit aktuellen Marktpreisen führender Fachhändler und bekannter Auktionshäuser. Ein unverzichtbares Nachschlagewerk für Händler, Auktionatoren und Sammler.

Umfangreiche Einführung zum Louis-Philippe-Stil
Stilbegriff, Stildefinition, Stilmerkmale. Entstehung und Verbreitung des Stils. Vergleich zum Rokoko, Vorbildlichkeit und Eigenständigkeit. Altersbestimmung, Holzarten, Beschläge und Stoffbezüge des Louis-Philippe.

Wertvolle Tipps für Händler und Sammler
Preisentwicklung, Qualitätsfaktoren, Preiskomponenten, Sammlerkriterien.

Großer, prachtvoller Farbteil
Über 200 Farbabbildungen, davon 100 Möbel-Highlights des Louis-Philippe.

Umfassender, kompendiumartiger Katalogteil
40 verschiedene Möbeltypen, über 600 Abbildungen marktgängiger, seltener und musealer Louis-Philippe-Möbel. Alle Möbel und Uhren mit Beschreibung und aktuellen Marktpreisen.

Erster Preisspiegel für Louis-Philippe-Möbel (in € und US$)
Preisermittlung durch Jury führender Fachhändler und bekannter Auktionshäuser.

Pressestimmen zum Buch:

Die Rheinpfalz: „... als bibliophil zu bezeichnendes Werk ..."

Stuttgarter Zeitung: „... zum ersten Mal die ausführliche Definition des Möbelstils ..."

Kultur-Kanal: „... die klare Abgrenzung zum Zweiten Rokoko fehlte ..."

Antiques & Art Independent: „... a comprehensive insight ... an invaluable volume ..."

Antiques Info Magazin: „... The first comprehensive work on Louis-Philippe furniture ... an indispensable standard guide ..."

Die Welt: „... vorzüglicher Aufriß mit aktuellen Marktpreisen ..."

sehepunkte: „... Ein Prachtband ... der erstmals die Möbelwelt des Louis-Philippe umfassend vorstellt, sorgfältig einordnet und stilistisch abgrenzt ..."

ARNOLDSCHE
Art Publishers

ARNOLDSCHE Art Publishers
Liststraße 9
D-70180 Stuttgart
Telefon +49-(0)711-64 56 18-0
Fax +49-(0)711-64 56 18-79
e-mail: art@arnoldsche.com

www.arnoldsche.com